大都会の片すみで
未知の世界への扉を開く!

京都・大阪・神戸
マニアック博物館

おもしろ珍ミュージアム案内

町田 忍 監修

メイツ出版

目次

京都・大阪・神戸　マニアック博物館

ようこそマニアック博物館へ

京阪神には専門分野に特化した博物館や資料館が数多く存在します。中にはマンションの一室で開かれているような小さなスペースのところもありますが、その分野の収蔵・展示品の珍重さにおいては日本一、いや世界一とも言えるかもしれません。本書はこれらの博物館・資料館に光をあてた、より深い京阪神を楽しむためのガイドです。

本書の見方・使い方

刀の研磨技術を間近に見られる
かたなの博物館
コアすぎ！
平野・町ぐるみ博物館の一つとして
大阪市平野区の中心部はかつて「平野郷」と呼ばれ、経済的にも文化的にも栄えた地域であった。戦国時代には周りを濠でめぐらした自治都市として成立。現在も古い町並みが残っている。そのような平野の歴史や魅力を知ってもらう取り組みの一つ「平野・町ぐるみ博物館」では、町内の特徴ある個人宅や商店を博物館として開放している。日本刀の研ぎ師・真津仁嗣さんの工房「かたなの博物館」もそのうちの一つ。館内では研ぎの技を見学できる他、真津さんの研いだ日本刀を鑑賞し、実際に日本刀を手に持ってその重さを体感することができる。
約20分
18
刀を間近に見て触れる貴重な機会
真津さんは三代続く研ぎ師の家に生まれ、15歳でこの道に入った。重要文化財の刀剣や横綱白鵬の守護太刀の研ぎを任されてきた熟練の研ぎ師。多くの弟子を育てる厳しい世界に身を置きながらも、訪れた人に優しく語りかける気さくな人柄だ。小さな博物館ならではのコミュニケーションが楽しめるのも「町ぐるみ博物館」の魅力。美術館や城などでガラスケース越しに見るのとは違い、刀の美しさを間近に見て、鋼の質感を手に感じることができる。
ここが見どころ！
研ぎ師の技を間近に見学。刀匠から研ぎ師へと受け継がれる職人魂
DATA
かたなの博物館
19

1 **ジャンル**
各博物館の特徴をふまえ「コアすぎ！」「ためになる！」「ワクワクする！」「感動する！」の４つに分類しました。

2 **館名**

3 **所要時間**
見学所要時間の目安です。

4 **ここが見どころ！**
特に注目したい見どころポイントです。お見逃しなく。

5 **利用概要**
所在地、開館時間、休館日、料金、問い合わせ先などの情報です。団体の場合、料金と予約については各博物館へお問い合わせください。

6 **アクセスマップ**

本書に掲載する博物館の所在地

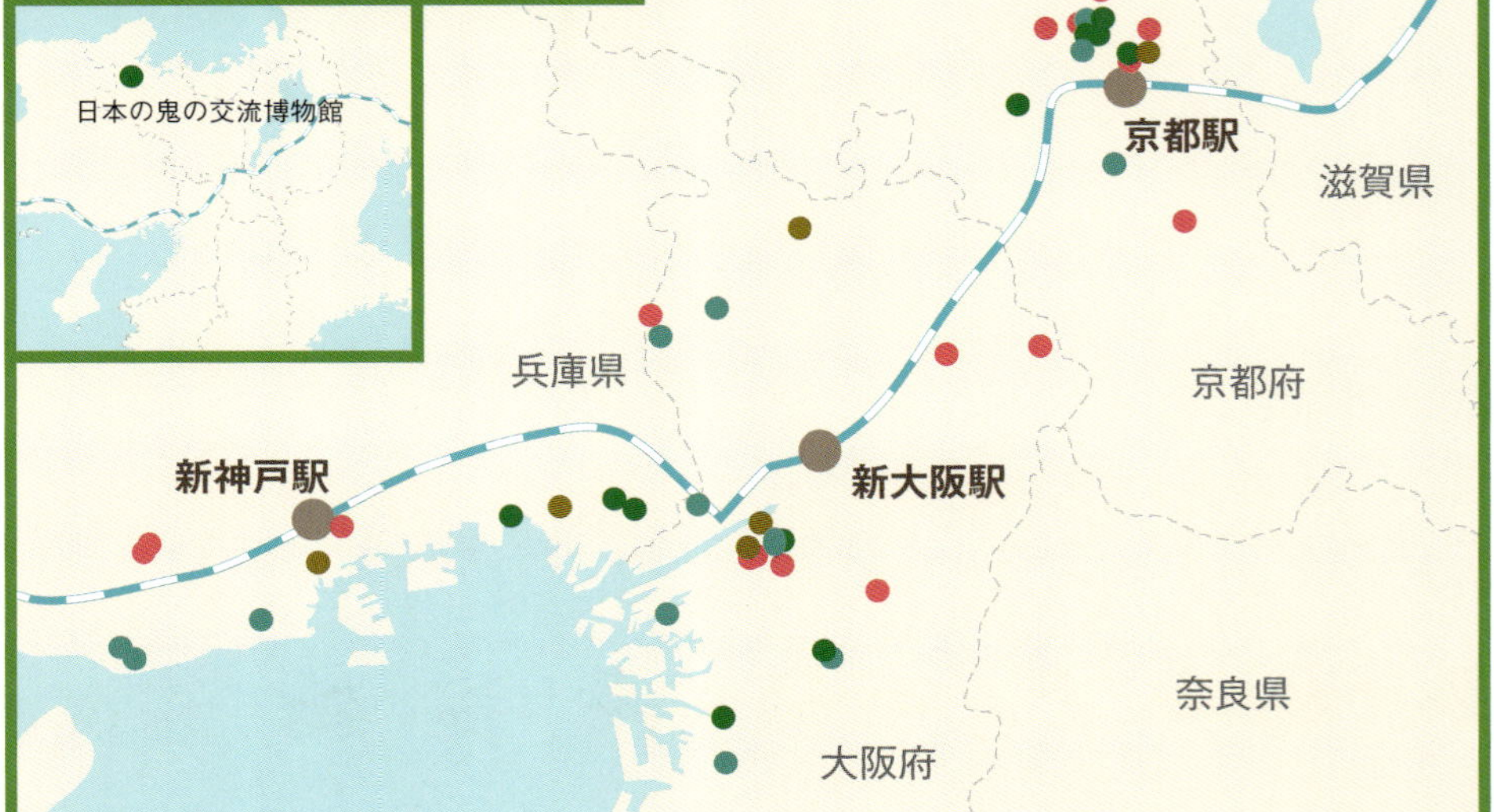

●の色は各ジャンルを表しています。

町田忍流 マニアック博物館の楽しみ方

銭湯、納豆、霊柩車、甘栗、牛乳瓶の蓋、蚊取り線香…カバーする分野は驚くほど広く、またマニアックなモノばかり。庶民文化研究の先駆けにして第一人者である町田忍が、マニアック博物館の楽しみ方をご案内します！

PROFILE ●（まちだ・しのぶ）1950年東京目黒生まれ。大学在学中、博物館学芸員資格取得実習に行った国立博物館で博物学に興味を抱く。卒業後は警察官を経て、少年時代より収集してきた商品などを研究するために「庶民文化研究所」を設立。現在は執筆の他、コラムニスト、コメンテーター、映画・テレビ・ラジオ出演、ドラマの時代考証など多方面で活躍中。庶民文化資料館「三十坪の秘密基地」名誉館長。

少年時代からのコレクションがいつのまにか博物館級のものに!?

身近なモノほど記録に残らない

僕が生まれたのは昭和25年。世の中が少しずつ豊かになりつつあった時代です。それまではチョコレートと言えば板チョコしかなかったんだけど、お菓子もいろんなものが出始めたんです。ちょっと高価だったということもあって、パッケージを捨てるのがもったいないから取っておいたんですね。10歳くらいから。それでどんどんコレクションが溜まっていきました。当時、子どもの間では切手やメンコなど、モノを集めるのが流行っていたんです。みんな大人になるとやめちゃうんだけど、僕はそのまま続いて今に至ってます。

コレクションをしたり関心を寄せたりするモノの基準は、庶民生活で愛用され、なおかつ安くて、でも歴史があまり知られていないモノ。銭湯、納豆、霊柩車、甘栗、牛乳瓶の蓋、蚊取り線香、くじらの缶詰、インスタントラーメン…等々。美術館や博物館にあるような工芸品は大切にされますが、庶民生活に密着したモノほど記録に残り難いんですよ。江戸東京博物館でモースのコレクション展（※）が開催されたことがありましたが、あの人が明治時代に来日し、庶民の日用品をアメリカに持ち帰ったからこそ残すことができたんです。金平糖とか下駄とか、当時の日本人にはあまりにも身近すぎて、残そうなんて思わなかったんでしょうね。

マニアック博物館の魅力

僕は東京・浅草の「三十坪の秘密基地」の名誉館長も務めています。展示してあるのはオーナーの三遊亭あほまろさんのコレクションですが、僕もご縁があって協力させてもらっています。マッチラベル、絵葉書、ホーロー看板…なかなかマニアックでしょう?

「三十坪の秘密基地」企画展で、町田さんが 40 年以上の歳月をかけ食べ尽くした即席麺パッケージを展示した（2014 年）

※　特別展「明治のこころ　モースが見た庶民のくらし」2013 年 9 月 14 日～ 12 月 8 日開催

博物館にもいろいろあって、国立博物館などはテーマを広く浅くカバーしていますが、専門分野に特化した博物館というのは大きな博物館に負けないくらいのモノが収蔵・展示されている場合がありますね。「大阪くらしの今昔館」は大阪の都市の住まいに関する歴史と文化をテーマとする専門博物館なんですが、江戸時代の大阪の町並みが実物大で復元されている。しかも専門家がきちんと考証した伝統的工法で造られているんです。着物を着て歩ける体験もできるし、一日居ても楽しいですよ。

撮影協力：三十坪の秘密基地

「大阪くらしの今昔館」に再現された江戸時代のお風呂屋さん。ここをくぐって浴室に入る（町田さん撮影）

マニアック博物館めぐりの楽しみ方のコツ

　この本で挙げた中で、必ず一つや二つは自分が興味ある博物館があるはずです。まずはそこに行ってみてはいかがでしょうか。ただ見るだけでなく、学芸員や係員に質問するのもいいですね。彼らはその道の専門家で、すごく詳しい。いろいろ教えてくれるし、他の施設やイベント情報も教えてくれます。そうすると次へ、次へと、自分の関心や行動範囲が広がっていきます。

　マニアック博物館って自分の会社や団体のPRを目的とする施設が多いので、結構無料のところがたくさんあるんですよ。無料なのに充実していて、パンフレットをタダでもらえたり。庶民の味方です。あと、ミュージアムショップがある博物館の場合、その商品もやっぱりマニアック。そこでしか買えないものなので、思い出の品になるでしょう。

マニアック博物館から広がるコミュニケーションの輪

　もう一つ、楽しみ方のコツとしては、できれば家族や友達など複数で行った方が盛り上がると思いますね。親子で行けば自分の子どもの頃の思い出を話してあげたり。ブログやSNSで「行ってきました！」ってレポートしたら、同じ分野に関心を持つ人とつながることができるかもしれない。コミュニケーションの輪も広がりますよ。

町田さんは銭湯研究でも第一人者。こちらの模型はジオラマ造形作家・山本高樹さんと町田さんの合作「明神湯」（三十坪の秘密基地）

明神湯の模型の前には、カメラ片手の町田さんの人形が（三十坪の秘密基地）

コアすぎ！博物館

だんじり、すだれ、ふぐ、シャレコーベ、つまようじ…マニアック博物館の中でも特にコアな博物館・資料館はコチラ。ピンポイントで深くテーマに切り込んでいます！

コア
すぎ！

職人の技術の粋を間近に見る

堺刃物ミュージアム

多種多様な包丁が一堂に会する

巨大な出刃や「大マグロ切り」包丁はすごい迫力！周辺エリアもレトロな趣で、散策にオススメ。

堺が誇る伝統産業 刃物作りを紹介

かつて東洋のベニスと謳われ、豪商たちが自治を行う貿易都市として栄えた町、堺。「堺伝統産業会館」は刃物、線香、和晒《わざらし》・浴衣、昆布、敷物、和菓子など堺のものづくりの数々を紹介する施設だ。特に全国的にも名高いのが包丁作りで、2階は「堺刃物ミュージアム」として開設されている。刃物の工程見本や様々な種類の刃物を展示。販売も行っているのが嬉しい。

「堺伝統産業会館」の外観は蔵造りの趣

見学所要時間
約**30**分

週末には熟練の研ぎ実演も

堺の刃物が全国に知れ渡るきっかけとなったのがタバコ包丁である。16世紀、南蛮貿易によりタバコが日本に伝わると、その葉を刻む包丁の需要が増え、堺でも作られるように。やがて幕府にその切れ味が絶賛され、専売品として販売するようになった。

包丁研ぎの実演を行う伝統工芸士

堺の町には今なお町工場が点在し、職人たちは日々、鍛冶や研ぎ、柄付けといった作業に黙々と取り組んでいる。ミュージアムでは研ぎ職人たちによる実演や有料による研ぎ直しを、週末を中心に定期的に開催。熟練の職人たちの手から生み出される刃物は、日用品でありながら芸術品ともいえる輝きを放っている。

こちらは電動砥石で研磨を行う伝統工芸士

DATA

堺刃物ミュージアム

大阪府堺市堺区材木町西 1-1-30
堺伝統産業会館 2F
TEL 072-233-0118
10：00 ～ 17：00
〈休〉年末年始
〈交〉阪堺線妙国寺前駅より
徒歩 3 分
〈料〉無料〈駐〉なし〈予約〉不要

http://www.sakaihamono.or.jp/

ここが見どころ！

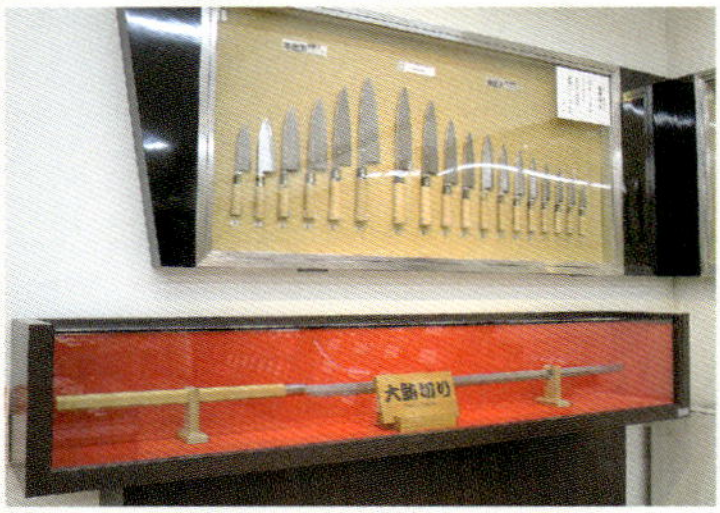
手前の長い包丁は「大マグロ切り」。長さ 207cm

これは一体何を切るの !?
驚きの後に、ナルホド、納得。

館内には様々な形や大きさをした種類の刃物が勢揃い。刺身包丁、文化包丁、菜切包丁、牛刀などは家庭でも馴染みがあるが、鮭・かつを切包丁、うなぎ裂包丁、菓子切包丁、スイカ包丁など特殊かつ限定的な用途ものも。説明書きを見なければ、一体何使うんだろう？ と思えるものもある。切る場面やその料理の味を想像してみるのも楽しいだろう。

コアすぎ！

造幣博物館

貨幣に関する史料を広く紹介

ガラスにはめ込まれた貨幣。両面から見られるようになっている

工夫された展示方法にも注目

造幣博物館は、昭和44年（１９６９）に開館。明治時代に作られたレンガ造りの西洋風建物を外観に持つ。造幣事業を広く紹介するため、保管していた貴重な貨幣などを公開している。平成20年（２００８）には、「人に優しい博物館、環境に配慮した博物館、魅せる博物館」を目指し改装を行い、翌年リニューアルオープンした。貨幣をガラスにはめ込み発光ダイオード（LED）で照らすことで、表からも裏からも美しく見られる立体展示を導入。また、常設展では貨幣の変遷や製造に使う機器など約４０００点を展示しており、貨幣と造幣局について学べる。

明治44年（1911）に、火力発電所として建てられた建物を利用

見学所要時間

約30分

貨幣にまつわる様々なジャンルの収蔵品

2階展示室の様子。模型やパネルでわかりやすく説明

古代から現在まで使用されている国内外の貨幣に加え、創業当時使われていたガス灯や天秤、局内で製作した手回し計数機などを展示。昭和39年の東京五輪と平成10年の長野五輪の入賞メダルや国民栄誉賞の盾を見られる他、貨幣や勲章の製造工程を知ることもできる。屋外には、明治時代に使用していたドイツ製とフランス製の圧印機も展示。

また、造幣局の創業時の様子や歴史について、模型と照明が連動した映像で紹介している。

造幣局の創業に貢献した人々のレリーフ

DATA

造幣博物館

大阪府大阪市北区天満 1-1-79
TEL 06-6351-8509
9:00～16:45(入館は 45 分前まで)
〈休〉年末年始・展示品の入替日
〈交〉地下鉄堺筋線・谷町線南森町駅、地下鉄谷町線天満橋駅より徒歩 15 分
〈料〉無料〈駐〉なし〈予約〉不要

https://www.mint.go.jp/enjoy/plant-osaka/plant_museum.html

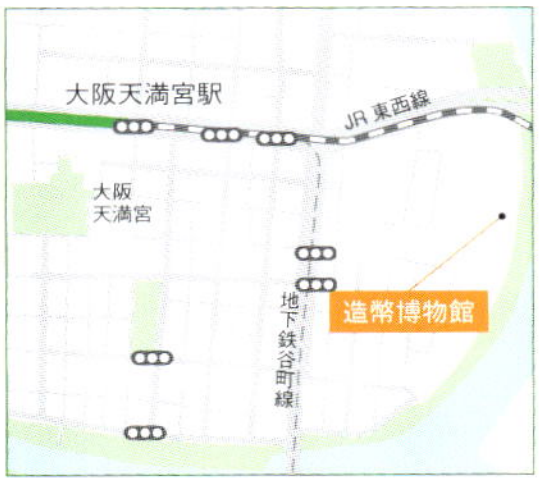

ここが見どころ!

体験コーナーには、本物の金塊・銀塊に触れられるコーナーや、金貨や貨幣の木製パズルなどがある

千両箱の重さを体感 見て触って貨幣を知る

貨幣袋や千両箱を実際に持てる体験コーナー。貨幣袋には、造幣局が製造し検査・計数した貨幣を入れる。その後財務省から日本銀行へ引き渡される袋詰めした貨幣の重さを体験することができる。小判1000両などを収納できる千両箱は、樫の木を使用し、帯鉄や金具で丈夫に作られている。こちらにある千両箱は、箱を含めて約20kgだ。1枚約18gの慶長小判が1000枚入る。

コア
すぎ！

だんじりのすべてを伝える 岸和田だんじり会館

天保12年に造られた旧紙屋町のだんじり。スクリーンには迫力のある祭の映像が

歴史の厚みと祭りの勢いを感じる

約300年の歴史を持つ岸和田だんじり祭。普段、だんじり本体は町ごとの「だんじり小屋」にしまわれており、年に一度の祭りの際に、旗、吹きちり（吹き流し）、金縄、などで華やかに飾られる。装飾や構造など「だんじりの全て」が伝わるようにつくられたのが「岸和田だんじり会館」だ。

1階イベント広場には、天保12年（1841）に製作された旧紙屋町のだんじりと、文化・文政年間（1804〜1829）に作られたとされる五軒屋町のだんじりを展示。大迫力の音響と大型マルチ映像のスクリーンからは祭りの熱気が感じられるだろう。

城下町の風情が残る町並みと調和した外観

見学所要時間

約**60**分

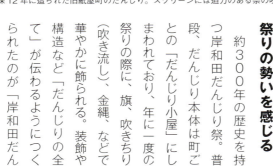

展示方法を変えながらだんじりの姿を紹介

4階建ての館内は、7つのコーナーに分かれている。「だんじりの技と匠映像ライブラリー」では、だんじり大工と彫物師について紹介。また、タッチパネルを操作して祭りの歴史や見どころ、岸和田の町の変遷を見られる他、クイズもあり

明治時代に作られ100年以上使われただんじり

お囃子体験をする子どもたち

楽しめる。「だんじり今昔資料館」では市内各町のだんじり紹介やだんじりの変遷、歴史年表などの資料が揃う。江戸時代の祭りの気迫が伝わってくるジオラマ「いにしえの祭」や、当時のだんじりの設計図等も展示。岸和田の地酒や和菓子、だんじりグッズも販売している。

DATA

岸和田だんじり会館

大阪府岸和田市本町11-23
TEL 072-436-0914
10:00～17:00（入館は1時間前まで）
〈休〉月曜日（祝日の場合は開館）・年末年始
〈交〉南海電鉄南海本線蛸地蔵駅より徒歩7分
〈料〉大人600円、小人300円
〈駐〉なし〈予約〉不要

https://kishibura.jp/danjiri/

ここが見どころ！

はっぴを着てだんじりの上に。大工方気分を味わえる

年に1度の祭りが待ちきれなくなる

だんじりの大屋根にのり、地上4メートルの高さで跳躍や踊りをしながら曳行《えいこう》を指揮する大工方や、囃子の鳴り物を鳴らすことができる体験コーナー。実物の大太鼓、小太鼓、鉦でだんじり囃子を演奏できる。また、立体カメラが記録した迫力のある祭りの映像を見られる「3Dだんじりビジョン」や、34の町ごとに作ったはっぴを展示している。

コア
すぎ!

大阪府立狭山池博物館

飛鳥時代からの人々の技術に驚く

コウヤマキの木で造られた樋管は616年の伐採と判明

狭山池と人々との関わり

大阪平野の南東、大阪狭山市のほぼ中央にある狭山池は、7世紀初めに造られたダム式ため池だ。「大阪府立狭山池博物館」では、狭山池の出土品の数々を中心に、古代から人々の暮らしに深くかかわってきた治水、灌漑、土地開発の歴史を展示。映像や模型などを使い、わかりやすく説明している。

展示品には、水を取り出す樋、初期のコンクリート構造物で大正昭和の改修から狭山池のシンボルとして親しまれた取水塔、堤の崩落を防ぐ木製枠工などがあり、その時代の人々の知恵と工夫を学ぶことができる。

館は、建築家・安藤忠雄氏の設計。壁を流れる滝は、水辺を表している

見学所要時間

約**60**分

古代から近世まで狭山池の歴史

常設展は、狭山池の誕生や土地開発、改修の歴史などを8つのゾーンに分けている。第3~第5ゾーンでは、古代・中世・近世の土地開発の様子をテーマに、狭山池の改修に携わったという奈良時代の僧・行基、東大寺を再建した鎌倉時代の重源、豊臣秀吉の命令で改修を行った片桐且元の業績などを紹介。古墳時代の石棺で樋を造った重源の業績を記した「重源狭山池改修碑」は重要文化財に指定されている。

時期により、企画展やワークショップ、コンサートなどのイベントも開催。

江戸時代の初めに片桐且元が改修したとされる中樋は、重要文化財に指定されている

取水塔は、平成の改修で役目を終え移設

DATA

大阪府立狭山池博物館

大阪府大阪狭山市池尻中2
TEL 072-367-8891
10:00～17:00(入館は30分前まで)
〈休〉月曜日(祝日の場合は翌日)・年末年始
〈交〉南海高野線大阪狭山市駅より徒歩10分
〈料〉無料〈駐〉なし〈予約〉不要

http://www.sayamaikehaku.osakasayama.osaka.jp/_opsm/

写真提供：大阪府立狭山池博物館

ここが見どころ！

断面が垂直になっている堤は、縦15.4m、幅62mもの大きさ

圧倒される大きさ！飛鳥時代から現代まで積み重なった堤

国史跡に指定されている狭山池の堤。第1ゾーンに展示されているのが、平成の改修前までの、狭山池の木樋に乗る堤の断面だ。飛鳥時代の堤を覆うように、奈良時代、鎌倉時代、江戸時代が重なり、それらすべてを覆うように大正・昭和に改修された堤が乗る。その一部を土ごと移築した。1400年の歴史の積み重ねを見ることができる。

コア
すぎ！

刀の研磨技術を間近に見られる かたなの博物館

研磨作業を行う真津さん。外出や臨時休業もあるため、日時を予約して訪れるようにしよう

平野・町ぐるみ博物館の一つとして

大阪市平野区の中心部はかつて「平野郷」と呼ばれ、経済的にも文化的にも栄えた地域であった。戦国時代には周りを濠でめぐらした自治都市として成立。現在も古い町並みが残っている。そのような平野の歴史や魅力を知ってもらう取り組みの一つ「平野・町ぐるみ博物館」では、町内の特徴ある個人宅や商店を博物館として開放している。日本刀の研ぎ師・真津《まなづ》仁彰《ひとあき》さんの工房「かたなの博物館」もそのうちの一つ。館内では研ぎの技を見学できる他、真津さんの研いだ日本刀を鑑賞し、実際に日本刀を手に持ってその重さを体感することができる。

かつて「武具」だった刀剣は、現代は美術鑑賞の対象に

見学所要時間

約**20**分

刀を間近に見て触れる貴重な機会

真津さんは三代続く研ぎ師の家に生まれ、15歳でこの道に入った。重要文化財の刀剣や横綱白鵬の守護太刀の研ぎを任されてきた熟練の研ぎ師。多くの弟子を育てる厳しい世界に身を置きながらも、訪れた人に優しく語りかける気さくな人柄だ。小さな博物館ならではのコミュニケーションが楽しめるのも「町ぐるみ博物館」の魅力。美術館や城などでガラスケース越しに見るのとは違い、刃紋の美しさを間近に見て、鋼の質感を手に感じることができる。

様々な種類の砥石が並ぶ

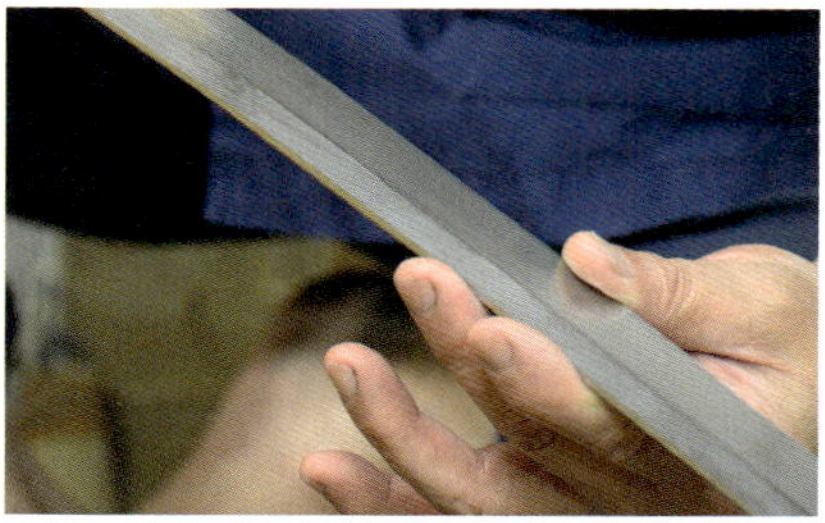
繊細な視覚、触覚が求められる世界

ここが見どころ！

両足でしっかりと砥石を押さえて研ぐ

研ぎ師の技を間近に見学。刀匠から研ぎ師へと受け継がれる職人魂

研ぎ師の手元を間近に見ることができるのが、こちらの博物館の何よりの醍醐味。「ただピカピカにすれば良いというわけではありません。刀鍛冶の個性を汲み取り、その刀の持ち味を活かした研ぎを行うことが大切です」と真津さん。集中力を要する仕事のため、こちらのように仕事場をオープンにしている工房は大変貴重な存在だ。

DATA

かたなの博物館

大阪府大阪市平野区平野上町 2-8-13
TEL 06-7657-8825
10：00 ～ 17：00
〈休〉不定休
〈交〉地下鉄谷町線・JR 関西本線平野駅より徒歩 10 分
〈料〉無料〈駐〉なし〈予約〉必要

https://sites.google.com/site/masumikaikenma/

コア
すぎ！

すだれ資料館

御《み》簾《す》をはじめ、簾の今と未来を伝える

国内外の貴重な簾や珍しい簾を展示している

伝統を守りながら簾の可能性を広げる

簾は、仏教の伝来とともに日本に伝わり、独自の発展を遂げてきた。大正5年（1916）よりすだれの製造を行う「井上スダレ株式会社」は、平成16年（2004）、簾の産地である大阪府河内長野市に「すだれ資料館」を設立した。

すだれの一種・御簾は、古代からほとんど変わらない姿で使用されている伝統工芸品。一方、現代建築におけるインテリアのデザインや、新たな工業生産品など、活用の場は広がっている。すだれ資料館では、簾の展示や伝統的な簾製造技術を伝えるための後継者育成を行うこと、世界のインテリアデザインとして簾を普及していくことを目指している。

簾を後世に伝えるために設立

見学所要時間
約15分

現物を見ながら簾の歴史を学ぶ

天井に簾のタペストリーがかけられているすだれ資料館には、日本の伝統的な製法で作られた簾や、歴史的価値のある国内外の簾を展示する他、巻物や文献、映像などの幅広い資料が揃う。中国、韓国、日本の簾の歴史を展示物とパネルで紹介したり、簾の製作が手作業で行われていた時代の貴重な道具を展示したりしている。また、明治期の簾の製造機器や、竹が簾に加工されるまでの工程も紹介。

おみやげコーナーにはランチョンマットやコースターなどの簾の小物を、購入できる。

テラス付近には簾のインスタレーションが

簾の材料を加工する機械から織り機まで

DATA

すだれ資料館

大阪府河内長野市天野町 1014-1
TEL 0721-53-1336
10：00 ～ 16：00
〈休〉 土・日・祝日・年末年始
〈交〉 南海高野線河内長野駅より車 15 分
〈料〉 無料 〈駐〉 あり 〈予約〉 必要

http://sudare.com

ここが見どころ！

資料館の入り口にはシンボルとなる御簾を展示

大阪の竹を使った伝統的工芸品

大阪金剛簾は、大阪府の富田林市、河内長野市、大阪市で生産される竹工品のこと。主に金剛山や葛城山系の麓にある真竹を使用しており、質の良い簾が特徴だ。
昭和 60 年に「金剛簾」として大阪府知事から「大阪の伝統工芸品」に、平成８年には「大阪金剛簾」として経済産業大臣の「伝統的工芸品」に指定された。

コア
すぎ！

鬼伝説の里で、国内外の鬼と出会う

日本の鬼の交流博物館

「日本の鬼」のコーナー。自分の地元に伝わる鬼にも出会えるかも？

大きな鬼瓦が博物館のシンボル

日本の鬼の交流博物館は大江山の麓に建つ。この山の名前を聞いただけで、なぜこの博物館がこの地にあるのかピンと来る人もいるだろう。そう、ここは「大江山の鬼伝説」の故郷。地元の伝説の紹介をはじめ、全国各地の鬼にまつわる伝統芸能、世界の鬼面などが展示され「鬼とは何者なのか」について考えることができる博物館だ。

入口では高さ5ｍ、重さ10トンの鬼瓦「大江山平成の大鬼」がお出迎え。鬼瓦職人が集う「日本鬼師の会」が全国の窯元20カ所で、130のパーツに分けて製作した。博物館の建物と見比べてその大きさを実感してほしい。

大江山の連峰をバックに聳える大きな鬼瓦

見学所要時間
約30分

怖いだけじゃない、様々な鬼たち

展示室では日本全国、そして世界の鬼に関する民俗資料を展示。その多くが寄贈資料だという。日本の鬼のコーナーでは「祀られる鬼」「暮らしの中の鬼」「節分の鬼」「民俗芸能の鬼」など、鬼面と写真で日本の鬼をジャンル別に展示している。秋田のなまはげや岩手県北上市の鬼剣舞などは有名だが、関西にも鬼の言い伝えや祭は多い。怖い表情のものからどこかユーモラスなものまで、様々な鬼と出会えるだろう。鬼瓦、暖簾、座布団など館内のいたるところに隠れている鬼を探すのも楽しい。

鬼瓦のコーナーも充実。芸術的価値も高い

左／閻魔王の面
右／岩神楽「酒呑童子」面

DATA

日本の鬼の交流博物館

京都府福知山市大江町仏性寺 909
TEL 0773-56-1996
9:00 ～ 17:00（入館は 30 分前まで）
〈休〉月曜日（祝日の場合は翌日）・年末年始
〈交〉京都丹後鉄道宮福線
大江駅より車で 15 分
〈料〉一般 320 円、高校生 210 円、
小中学生 160 円〈駐〉あり〈予約〉不要

http://www.city.fukuchiyama.kyoto.jp/onihaku/

ここが見どころ！

源頼光らに斬られる酒呑童子（日本の鬼の交流博物館蔵「酒呑童子絵巻」より）

日本の鬼退治のメッカ、大江山でその伝説に触れよう

大江山には、実は３つの鬼退治伝説が残る。崇神天皇の弟・日子坐王《ひこいますのきみ》の土蜘蛛退治、聖徳太子の弟・麻呂子親王が３つの鬼を討った話。そして３つめはよく知られている酒呑童子《しゅてんどうじ》の話。日本の鬼伝説のメッカ的存在ゆえか、平成６年に設立された「世界鬼学会」の事務局がこちらの博物館にあるのも納得できる。

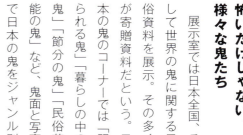

コア
すぎ！

ふろしきから見る日本の心

宮井ふろしき・袱《ふく》紗《さ》ギャラリー

オプションのふろしきDVD鑑賞、つつみ方体験（有料）を希望の場合は要予約

様々な視点から見る くらしの中のふろしき

ふろしきや袱紗を扱う宮井株式会社が、100周年を記念して京都本社にギャラリーを開設。創業の頃より歴代社長が商品開発や染織技術の保存のために集めたもので、非常にバラエティ豊かだ。およそ3000点ある中から、それぞれ企画に合ったものを展示。展示は年に3回入れ替わるので、様々な視点から選りすぐられたものを見ることができる。

最新のデジタル技術を活用して浮世絵の色調を再現したものから、日本独自の文様を紐解くものまで、内容は多岐に渡る。博物館や美術館の企画展示に貸し出されるほど貴重で人気のものもある。

四季の草花の刺繍が美しい江戸後期の袱紗。宝船に見立てられている

見学所要時間
約30分

日本やアジアの様々な文化

収蔵品はいくつかの種類に分けられる。メインは江戸中期から昭和初めまでの掛袱紗やふろしき。企画展示では、日本の伝統文様のいわれを解説することも多く、見た目も非常に美しい。他にも「記念ふろしき」と呼ばれるイベントに関連して作られたふろしきがあり、東京五輪のものや、阪神タイガース優勝のものなどその時代の様子が反映されていて興味深い。日本だけでなく世界のふろしきもあり、地域ごとの柄や使い方、世界の「包む」「掛ける」文化を学ぶことができる。

迫力がある東京オリンピック記念ふろしき

動物柄がかわいいインドのふろしき

DATA

宮井ふろしき・袱紗ギャラリー

京都府京都市中京区室町通
六角下ル鯉山町 510
TEL 075-221-0381
10:00～17:00（入館は 30 分前まで）
〈休〉土・日・祝日
〈交〉阪急烏丸駅・地下鉄烏丸御池駅より徒歩５分
〈料〉500 円〈駐〉なし〈予約〉不要

http://www.miyai-net.co.jp/gallery/kyoto.html

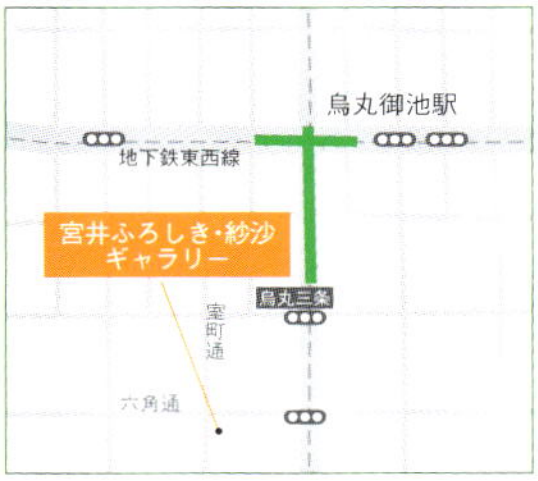

ここが見どころ！

孫拵えの例。一式揃っているのは大変珍しいという

先代が後世に残すために作らせた珍しいふろしき

今ではほとんど行われなくなった出雲地方の筒描《つつがき》コレクション。藍染を基本とした染色品で、嫁入りの時に誂える嫁拵《よめごしら》えや、子どもができた時に誂える孫拵《まごごしら》えがあり、それぞれ妻の実家が紺屋に注文して作らせた。子どもの足ふきに使うものには足の、男の子が生まれた時にはおむつ用に海老の柄を染めるなど用途に応じて様々な種類・柄がある。

コア
すぎ！

懐かしいおもちゃに囲まれ、童心に戻る
ブリキのおもちゃと人形博物館

ベンツから始まったコレクション。そのため自動車のおもちゃが特に充実

頻繁な展示替えで何度来ても楽しい

ブリキの玩具やセルロイド人形などがズラリ。高山豊治館長が昭和30年代から収集してきたコレクションだ。ここには3千点ほど展示されているが、コレクション全体の数は1万5千点。毎月300個ずつ倉庫から出して入れ替えているため、いつ訪れても新しい出会いがあるだろう。例えば「鉄道のおもちゃが好き」と事前に伝えておけば、来館日に合わせて倉庫から持ってきてくれる。「博物館をやっても儲からないけど、コレクターさんが喜んでくれたり、ふらりと立ち寄って懐かしがってくれる人がいたり。精神的には満たされてます」と高山さんは笑顔を見せる。

こちらは海難事故で輸送船が難破し、何日か後にアメリカ西海岸に漂着。世界で12個残るのみ

見学所要時間

約**60**分

コレクター垂涎《すいぜん》、おもちゃの宝庫

子どもの頃からベンツに憧れていたという高山さん。苦労して1台購入した後は、「もう1台欲しいけどお金が無い。それならミニチュアでもいいから集めてみよう」と思い立ったという。コレクションで最も力を入れているのはやはりベンツのおもちゃだ。他にも鉄腕アトム、鉄人28号などの人気のおもちゃから、日本各地の観光地のお土産の人形まで、コレクションのジャンルや時代は幅広い。展示品の一部は販売も行っているため、気に入ったものが見つかったら持ち帰り、家で飾れる楽しみもある。

日本はかつておもちゃ輸出大国だった。海外向けおもちゃ

セルロイドやソフトビニールの人形もたくさん

DATA

ブリキのおもちゃと人形博物館

京都府京都市下京区柏屋町 22
クオン四条柏屋町 301
TEL 075-223-2146
10：00 ～ 16：00（最終入館）
〈休〉日・祝日・年末年始
〈交〉市バス「四条堀川」前
〈料〉中学生以上 500 円、小学生 300 円、園児 100 円〈駐〉なし〈予約〉不要

http://kyoto-tintoy.jp

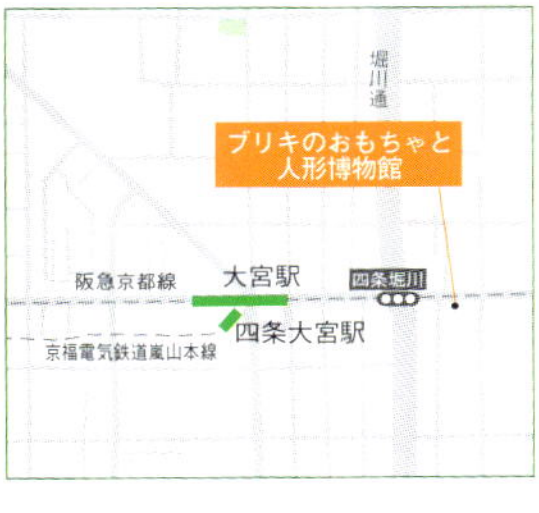

ここが見どころ！

クラシックカーに老紳士が乗っている

激レア！昭和天皇が子どもの頃に遊んだ、自動車のおもちゃ

専用ケースに入れられて一際大切に展示されているのが、昭和天皇が幼少の頃に遊んだ車のおもちゃ。昭和天皇の侍従として働いていた人が、退職の際に天皇から記念にと渡され、家宝にしていたのだそう。その人があるとき博物館を訪れ、「館長さんって本当におもちゃを愛しているんですね」と言って寄贈してくれたのだという。

コア
すぎ！

江戸時代の「食」の楽しみが垣間見える

お辨當《べんとう》箱博物館

公家が使っていたという野立の弁当箱が揃う

お花見で使われていた観音開きの弁当箱

細やかな装飾が映える 江戸時代のお弁当箱

元禄2年（1689）創業の京の麩屋「半兵衛麩」。伝統的な食文化やその素晴らしさを伝えるため2009年に開館した「お辨當箱博物館」は、江戸時代の弁当箱約70個を揃えている。蒔絵や螺鈿《らでん》の細かい細工でお花見や紅葉狩りなど、季節に合わせた意匠を施している美しいお弁当箱を展示。当時の人々が食を楽しみ、大切にしていたことを感じられるだろう。

「お辨當箱博物館」は、半兵衛麩本店２階へ

見学所要時間
約 **15** 分

DATA

お辨當箱博物館

京都府京都市東山区問屋町通
五条下ル上人町 433 2F
TEL 075-525-0008
9：00 ～ 17：00
〈休〉年末年始
〈交〉京阪電車清水五条駅より徒歩１分
〈料〉無料〈駐〉なし〈予約〉不要

http://www.hanbey.co.jp/store/bento/

ここが見どころ！

機能や形が豊富 工夫を凝らしたお弁当箱

船の形をした「唐船形弁当」

公家が使用する、御膳や鍋がついた「野立弁当」や、屋外で燗酒をつくったり料理を取り分けたりする機能があるもの、茶釜の形をしているものなど、今にはないようなユニークなものも展示。

コアすぎ！

ふぐのことなら何でもわかる ふぐ博物館

天井を見上げればふぐ提灯。北濱さんが作ったものも多数ある

現場でふぐと向き合う在野の研究者

「わが人生はふぐと共にあります」。開口一番、そう言い切るのは館長の北濱喜一さん。本業は大正時代に創業したふぐ料理店の2代目だが、ふぐの生態から民俗学まで、ふぐのことなら研究者も一目置くほどの博識で、著書や論文も多数。廻船問屋や漁師も経験したことがあるという北濱さんは、机上で書類やデータと睨めっこするだけの研究とは異なり、毎日のように生きたふぐと向き合ってきた経験が蓄積されている。もちろんふぐ料理の味も評判で、科学的にふぐを分析して研究し尽くした故に、その旨みを最大限に引き出すメニューを生み出してきた。

館長のふぐ尽くしの人生を垣間見る

見学所要時間

約**30**分

ふぐ業界を牽引 その実績を展示

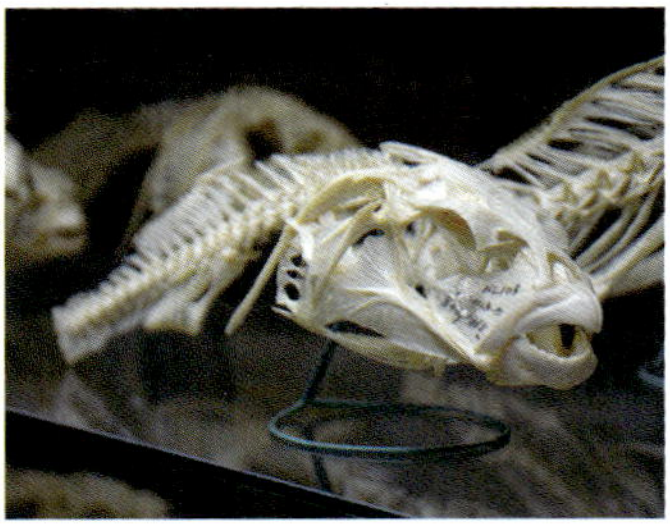
多種類にわたるふぐの骨格標本

博物館のオープンは昭和39年。それまで蓄積してきた研究成果の一部を公開し、ふぐ研究の発展に貢献できれば、という思いから開館した。ふぐ中毒防止の立法化や、ふぐの衛生に関する通達を国に働きかけるなど、業界全体のための活動も行ってきた北濱さん。父親から「ふぐ中毒を無くし、人々が安全にふぐ料理を楽しめるように力を尽くせ」と言われたことを胸に抱き続けてきたという。研究は多岐にわたり、館内では科学、民俗学、医学、文学、病理学などあらゆる側面からふぐを紹介している。ふぐが描かれた絵や工芸品も数多く、研究者でなくても楽しめるだろう。

ふぐの部位や寄生虫はビンの中に

ふぐの剥製、部位のビン詰め、骨格標本…

北濱さんは東大や京大などふぐ毒や魚類研究のオーソリティと一緒に、「日本ふぐ研究会」の発足にも関わってきた。戸棚にズラリと並ぶビンには、ホルマリン漬けのふぐの各部位。ふぐに付く寄生虫も収集している。赤く発色したトゲ、雌雄同体のふぐなど珍しいものも展示。

ふぐに関するあらゆるものを、これだけの数と種類を揃えているのは日本で、いや世界的にも珍しいかもしれない。国内の研究者が見学に訪れる他、アメリカのスミソニアン博物館から依頼を受けて、ふぐ提灯をはじめとする何点ものコレクションを寄贈したこともあるという。

1階には研究資料が山積みの部屋が。「ホテイフグ」という新種のフグの発見者でもある北濱さん。「フグの種類は100以上。世界中で食べられている魚です。まだまだ未解明のことも多い」と研究意欲をにじませる。

ふぐをデザインした置物やシールなど

ふぐだらけの空間に身を置いてみる

展示されているのはおよそ2500点。展示しきれない資料を合わせれば3万点を所蔵するという。館内はあまりにもふぐだらけで、30分も居ればふぐのゲシュタルト崩壊が始まるだろう。「あれ、ふぐって食べれるんだっけ…？」と分からなくなりそうだが、大丈夫。博物館お隣では北濱さんが経営するふぐ料理店「喜太八」が待っている。なお、博物館は火曜日が休館で、午前10時から午後3時まで開館。見学には予約が必要だ。岸和田には他にも「だんじり会館」（P14）や旧紀州街道筋に発展した古い商家の街並みなど見どころがたくさんあり、ふぐ博物館の後はぜひ散策してみよう。

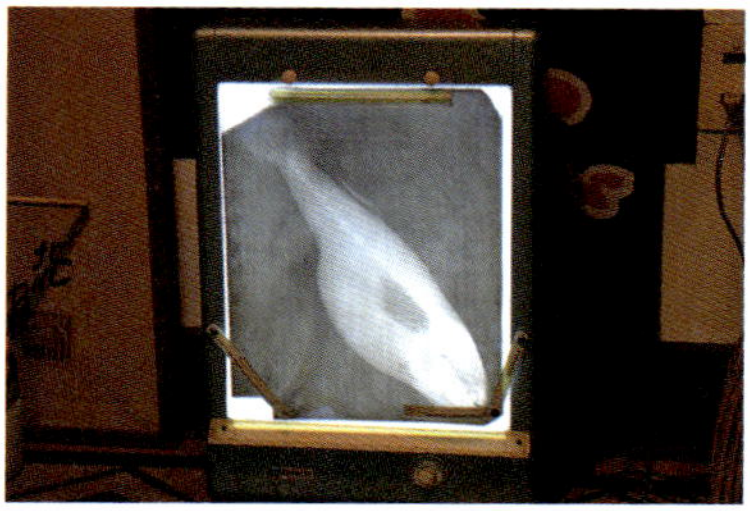

ふぐのレントゲン写真

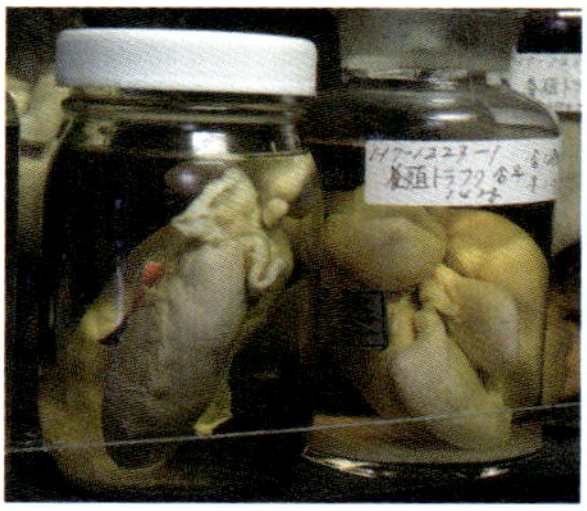

1995年に採集した養殖とらふぐの標本

ここが見どころ！

よく見るとぷっくりと可愛らしい姿

何コレ、カワイイ！ ふぐの剥製イヤリング

通路の両脇に並ぶガラスケースには、ふぐに関する展示物がぎっしり。ふぐの骨格標本や部位の入った容器が並ぶ様子は大学の研究室のようでもある。だがその一角に、いわば「場違い」のようにも思えるアクセサリーの箱が置かれている。よく見ると、これもやっぱりふぐ！まん丸で小さなふぐを剥製にしたイヤリングで、これも北濱さん作というから驚きだ。

DATA

ふぐ博物館

大阪府岸和田市北町10-2
TEL 072-422-3929
10：00～15：00
〈休〉火曜日
〈交〉南海電車岸和田駅より徒歩10分
〈料〉無料〈駐〉なし〈予約〉必要

コアすぎ！

京たけのこの産地で、貴重な竹の資料を展示

京都市洛西竹林公園 竹の資料館

入口そばにある京銘竹。色や模様の違い等を近くで観察できる

緑に囲まれた公園で様々な竹の姿を学ぶ

京都市南西部の大枝《おおえ》・大《おお》原野《はらの》にある「洛西ニュータウン」は、かつて「京たけのこ」の産地として知られていた。「竹の資料館」は、その歴史を伝えるために開園した「京都市洛西竹林公園」内にある。展示室と茶室から成る、約450平方メートル（140坪）の平屋建てで、京銘竹や竹工芸品を使用して建築された茶室からは、竹垣で囲まれた茶庭を眺められる。お点前や和楽器演奏などでも使用されることがあるという。

展示室では、竹の生態や日本文化との関わり、竹林の地下茎の拡がり方などをパネルを使用してわかりやすく展示。竹が日本人の生活、文化、産業に深く関連を持っていることがわかる。

茶室「竹風軒」。前面にはキンメイモウソウ竹が植えられた庭が広がる

見学所要時間

約30分

国内外の竹を間近で観察

展示室に入ってすぐ右の壁には、モウソウチクの図面角竹や白竹、胡麻竹、マダケの天然煤竹など、建築や装飾品に使われる京都産の竹が並ぶ。中国やフィリピン、マレーシアなどの外国産の竹には、竹稈の中に空洞がなかったり枝に鋭いトゲがあったりと、今までの竹のイメージと異なるものが見られるだろう。工芸品や加工品も揃え、アメリカの発明王・エジソンが京都・八幡産マダケのフィラメントを使って発明した電球の復元もある。

パネルを用いて竹の特徴や使われ方を説明している

昭和 56 年（1981）に開園。庭園は約 110 種類の竹や笹を観察できる回遊式庭園だ

DATA

京都市洛西竹林公園 竹の資料館

京都府京都市西京区大枝北福西 2-300-3
TEL 075-331-3821
9：00 ～ 17：00（入園は 1 時間前まで）
〈休〉水曜日・年末年始
〈交〉阪急桂駅よりバス 15 分
〈料〉無料〈駐〉あり〈予約〉不要

http://www.rakusai-nt.com/tikurin/

ここが見どころ！

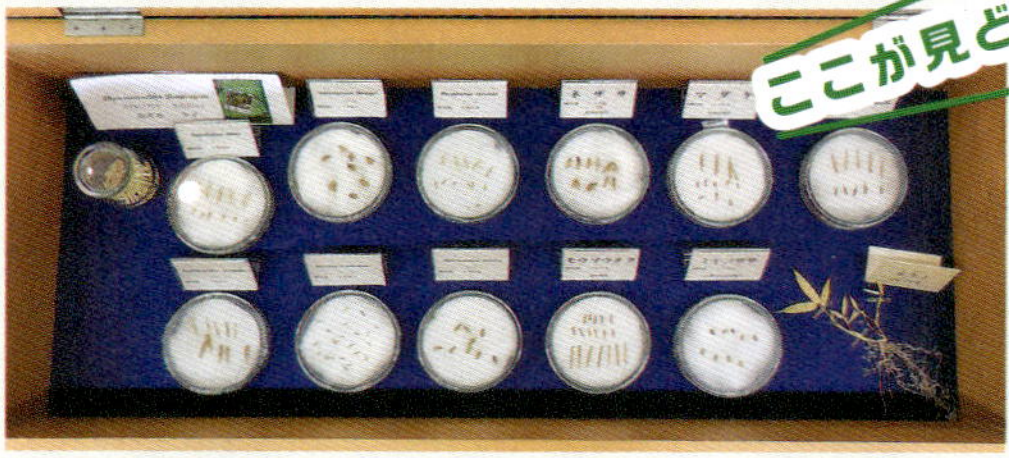

8 ～ 10 種類のタネを揃えている

目にする機会が少ない貴重な竹のタネ

奈良時代に造られた竹の排水溝や、大正時代から第二次世界大戦直後まで使われたという竹筋コンクリートなど、珍しい展示品が多々ある中でも、特におすすめなのがこちら。竹は開花から結実までは数十年～数百年周期のため、竹のタネを見られるのはほとんどないという。国内外の竹のタネを一度に見られる貴重な機会だ。

コア
すぎ！

世界中の貯金箱が集結

世界の貯金箱博物館

手前は中世～近代の欧米の貯金箱を展示している「アンティーク」。奥は「世界の貯金箱」コーナー

１３０００点もの個性豊かな貯金箱

「あましん」で親しまれている尼崎信用金庫は、貯蓄と人々の暮らしを表す資料として昭和40年代中頃、貯金箱の収集を始めた。美術商や骨董商などから購入する他、職員や得意先の協力を得てその数は徐々に増加。昭和59年（１９８４）には前身の「昔の貯金箱博物館」をオープンし、約６００点の貯金箱を展示していた。その後、コレクターからの寄贈や海外の貯金箱を購入。

平成2年（１９９０）、尼崎信用金庫の創業70周年を機に「世界の貯金箱博物館」はオープンした。今では、62か国約１３０００点を超える貯金箱を収蔵しており、地元の名所となっている。

二代目本店を改装した館の正面

見学所要時間

約**30**分

あましんと貯金箱の歴史も紹介

貯金箱には時代背景が映し出され、時代の変遷を知ることができる。館内は12のコーナーに分かれ、紀元前3世紀頃から1800年代までの世界の貯金箱の変遷をパネルと複製品で紹介する「貯金箱のうつりかわり」や、仕掛けがあるもの、動物型のものなど様々。おかめや福の神など縁起物の貯金箱を揃えている「日本の貯金箱」は、金庫室を改装した和室の展示室で、コーナーの入り口には2代目本店の金庫扉がそのまま使用されているのにも注目だ。

展示コーナーには「あましんの歴史」も

来館者から人気の「からくり貯金箱のコーナー」

![DATA]

DATA

世界の貯金箱博物館

兵庫県尼崎市西本町北通 3-93
TEL 06-6413-1163
10：00 ～ 16：00
〈休〉 月曜日・祝日（土日は開館）・年末年始
〈交〉 阪神電車尼崎駅より徒歩５分
〈料〉 無料 〈駐〉 あり 〈予約〉 不要

http://www.amashin.co.jp/sekai/

ここが見どころ！

写真は「がんばれ阪神タイガース！勇虎猛進貯金箱展」のとき

毎月テーマが変わる インパクト大の企画展

入口正面にある「特別展コーナー」は、「からくり貯金箱のコーナー」と並んで人気の展示コーナーだ。テーマに沿う貯金箱を集め、オープン形式で並べている展示台は階段状になっており、正面から見ると迫力を感じられるだろう。過去には「招き猫貯金箱展」や「新春特別展」などを開催し、季節や時代にあった企画を行っている。

コアすぎ!

世界中から集めた珍しいグッズが揃う

シャレコーベ ミュージアム

ハロウィンの時季に装飾された館。いたるところにシャレコーベが

館長が収集した貴重な品を展示

頭蓋骨に関する様々な展示品が見られる「シャレコーベ ミュージアム」。大学の脳神経外科教授を務めていた館長の河本圭司さんは、約30年前にサンフランシスコで出合ったシャレコーベに衝撃を受け、グッズの収集を始めた。国内だけでなく、海外に出向いたり、オーダー制作をしたりして数を増やしていき、1998年には自宅に保管していたシャレコーベの公開を開始。2003年には、シャレコーベの形をした3階建てのミュージアムが完成した。

数々のシャレコーベの姿を通して、世界の文化を知り、考古学を学び、新たな発見ができるだろう。

シャレコーベの形をした外観

見学所要時間

約40分

シャレコーベが示す人の歴史や世界の文化

展示しているのは、シャレコーベをデザインした洋服や椅子などの生活用品、人形や置物などのグッズ、指輪やネックレスなどの装飾品。さらに、700万年前から現代までのシャレコーベや、成長の過程がわかる胎児から老人までのシャレコーベなど、その数7800点以上にものぼる。内部が正確に作られている木製の頭蓋骨や、ヒマラヤ周辺国で手に入れた木製の仮面など幅広いものが揃う。幼少期から頭蓋骨に板や縄を巻いて変形させたというペルーの変形頭蓋骨は、河本さんがアメリカ・ニューヨークで手に入れた大変貴重なものだ。

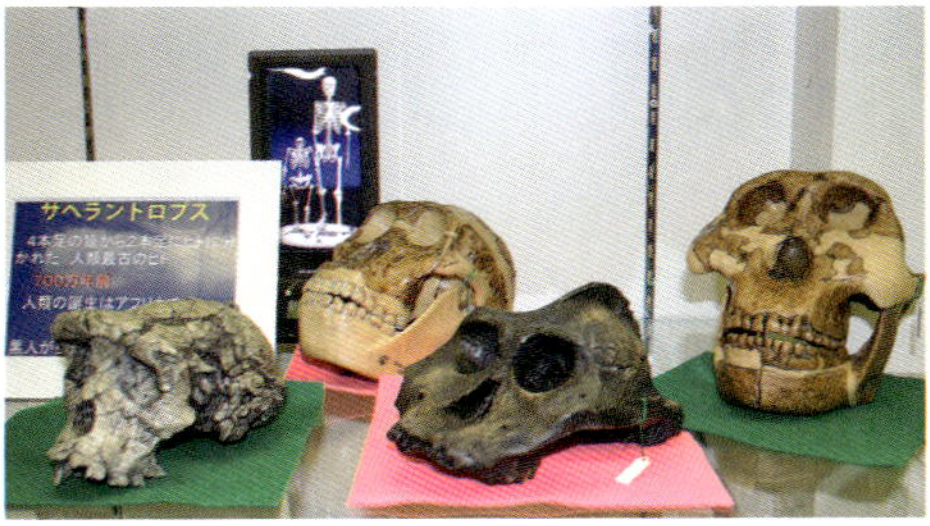

約700万年前のヒトのシャレコーベ

世界最大という木製頭蓋骨

DATA

シャレコーベミュージアム

兵庫県尼崎市浜田町5-49
TEL 06-6417-7069
10：00～17：00
〈休〉月～土曜日（日曜のみ開館）
〈交〉JR立花駅より徒歩10分
〈料〉大人500円、子供200円
〈駐〉なし〈予約〉不要

http://skull-museum.jp/frame.html

ここが見どころ！

世界最大級の大きさのシャレコーベも展示。装飾や構造の比較もできる

謎に包まれたクリスタル・スカルに出会う

透明なほど価値があるという水晶で作られたクリスタル・スカル。こちらでは本物のクリスタル・スカルを展示している。黄色い色をしたクリスタル・スカルは河本さんがネパールで注文したものだ。アステカ時代に作られたもので、どうして硬いクリスタルにこのような彫刻を施したのかは未だに謎だという。

コア
すぎ！

2000種類の世界の貝が揃う
西宮市貝類館

「インド・太平洋の貝」のコーナー。国内外の貝も充実している

古代から人々に身近な存在だった貝

１９９９年に開館した「西宮市貝類館」は、「見て触れて 感じて」楽しめることをコンセプトにしている貝類専門の博物館。貝は古代から、食料やお金、遊びの道具など、様々なものに加工されて使われていた。人々にとって身近な存在だった貝と、その自然環境を学べる。貝を耳に当てて音を聴いたり、貝殻の感触を確かめたりと、自由に触れる貝を多数揃える他、クリオネやヤドカリなどの海岸生物も見られる。また、平安時代から伝わる、蛤の内側に絵を描き、左右の貝を合わせて遊んだという遊び「貝合わせ」の貝も展示している。

建築家・安藤忠雄氏がヨットの帆をイメージして設計した外観

見学所要時間

約**30**分

海、淡水、陸、種類豊富な国内外の貝

世界に8～10万種類はあると言われている海の貝。日本だけでも８０００種類はあるとされ、アサリ、アワビ、サザエなどもその一種だ。カタツムリなどの陸産の貝も国内に８００種類はあるとされている。館内には、約２０００種、５０００点の貝が揃っており、海産・陸産ごとや、エリアごとに展示している。２０１７年にリニューアルをし、さらに内容を拡充させた「西宮の海辺」では、西宮に生息している貝や生物を展示。市民にも人気のコーナーだ。

入口のパネル。下の大きな貝「シャコガイ」と貝殻の砂場には触れることができる

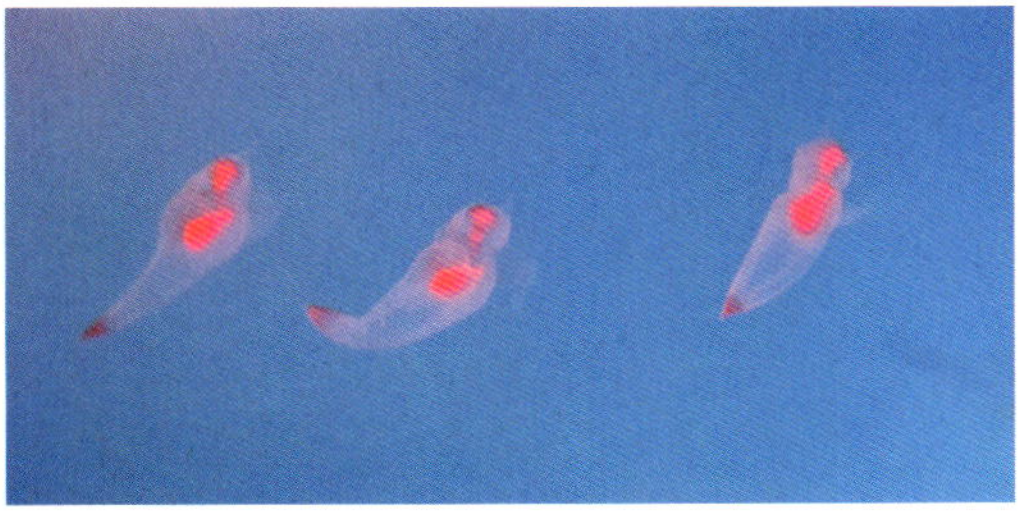

貝に関する生物を飼育。クリオネは「ハダカカメガイ」の貝の一種

DATA

西宮市貝類館

兵庫県西宮市西宮浜 4-13-4
TEL 0798-33-4888
10:00 ～ 17:00（入館は 30 分前まで）
〈休〉水曜日（祝日の場合は翌日）・年末年始
〈交〉JR・阪神西宮駅、阪急西宮北口駅よりバス 20 分
〈料〉一般 200 円、小・中学生 100 円
〈駐〉あり（3 台）〈予約〉不要

http://shellmuseum.jp/shell_db/

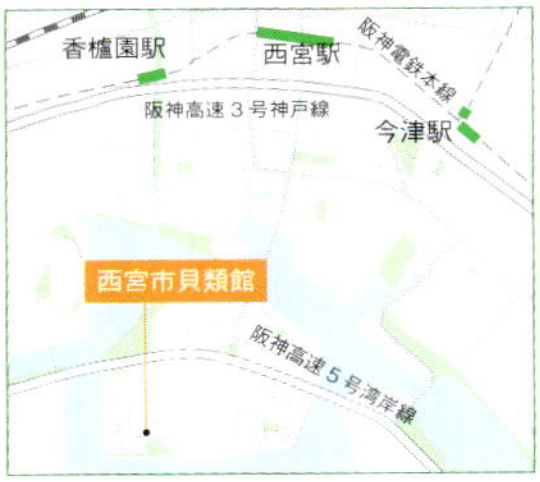

ここが見どころ！

ヨット内には、生活に必要な設備も整っている

縦回り世界一周で使用したヨット「マーメイド４世号」が

昭和37年（1962）、西宮港から出発し単独無寄港太平洋横断を果たした海洋冒険家・堀江謙一氏。氏が昭和57年（1982）に縦回り世界一周で使用したヨット「マーメイド4世号」を、中庭のプールに展示している。春と秋に各２日間実施する「マーメイド号探検隊」ではヨットの内部に入ることができ、子どもに人気の展示品。太平洋の大海原をわたることを想像しながら、鑑賞したい。

コア
すぎ!

江戸時代にタイムスリップした気分に浸る
京都 清宗《せいしゅう》根付館

貴重な伝統文化が海外に流れるのを憂い、木下館長が収集。常設展は四半期ごとに入れ替わる

手のひらサイズのお洒落のこだわり

江戸時代、印籠・煙草入れ・胴乱（日本の昔の鞄）・巾着など「提げ物」を携帯する時、紛失や盗難を防ぐ必要から発明された「根付」。ここ「京都 清宗根付館」では、館長の木下宗昭さんが数十年かけてコレクションした5000点余りの中から、現代根付を中心に選りすぐった400点程を随時展示している。一点一点は小さいものの、象牙や柘植《つげ》などの木材や陶器、金属に職人の手で精緻な細工が施されており、日本の古き良き伝統文化を見ることができる。物語を表したものや遊び心に溢れたものなど、手のひらに納まるほど小さな造形から魅力的な世界が広がる。

着用例。和装のアクセントになる

見学所要時間
約**40**分

江戸の面影漂う屋敷で職人の技を愛でる

根付館の建物は京都市内に唯一現存する武家屋敷で、文政3年（1820）に建てられたとされる「旧神先《かんざき》家住宅」。足利家に仕えた神先家が暮らした書院造の屋敷だ。武士でありながら帰農した壬生郷士が暮らした土地で、当時の歴史を伝える資料としても貴重。展示は大きく分けて古典根付と現代根付に分かれており、古典根付の中でもさらに東西の特色の違いが見て取れる。京の雅な風情を反映したものと、江戸の洒落っ気に富んだ粋の文化が互いに競い合って進歩した。また飛騨の柘植の根付など、特産品を使い土地柄が表現されたものも面白い。一方現代根付は昭和20年以降に活躍した作家のものを展示している。

個性的な古典根付「蛸を持つ異国人」

京都市指定有形文化財に登録されている「旧神先家住宅」

DATA

京都 清宗根付館

京都府京都市中京区壬生賀陽御所町46-1（壬生寺東側）
TEL 075-802-7000
10:00～17:00（入館は30分前まで）
〈休〉月曜日（祝日の場合は翌日）・年末年始・夏季
〈交〉阪急京都線大宮駅・京福嵐山本線四条大宮駅より徒歩10分
〈料〉一般1,000円、小・中・高校生500円〈駐〉なし〈予約〉不要

http://www.netsukekan.jp/

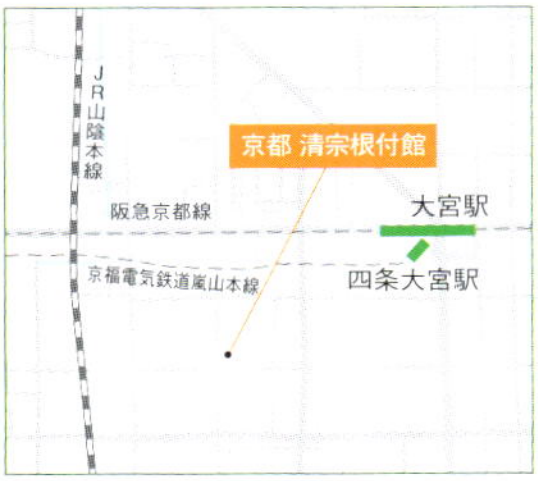

ここが見どころ！

根付作家中村雅俊さん作「草摺《くさずり》引《びき》」

現代根付作家の活躍を後押しする月替りの企画展

優れた工芸品である根付を守り伝えるだけでなく、育みたいという思いから、清宗根付館では月替わりで一人の作家に焦点を当てた展示会を行っている。年に1回開催する根付アワードでは、毎年2人の受賞者を世に送り出している。今までは「彫刻家」と名乗っていたが、この賞をきっかけに「根付作家」を名乗ることができたと喜びの声も上がる。

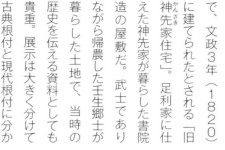

コア
すぎ！

つまようじ資料室

世界各国多彩なつまようじの姿

ようじに関する様々な展示品が並ぶ資料室

17世紀に、ヨーロッパで身に着けられた楊枝類

江戸時代のようじ店が描かれている浮世絵

つまようじの生産で栄えた地に開館

大正時代創業のつまようじ専門メーカー・広栄社が、三角ようじを広め、ようじを再び河内長野市の地場産業にしたいと開設。日本では丸い形が一般的だが、海外では二等辺三角形の三角ようじが主流だという。50か国以上の珍しい楊枝や、楊枝の原型である「歯木」、歯木から抽出した成分を含む練り歯磨きや、ようじを使っている様子が描かれた浮世絵など、幅広い資料を展示。

見学所要時間
約60分

DATA

つまようじ資料室

大阪府河内長野市上原町 885
TEL 0721-52-2901
10：00 ～ 12：00、13：00 ～ 15：00
〈休〉日～金曜日（土曜のみ開室）
〈交〉南海高野線河内長野駅より車5分
〈料〉無料〈駐〉あり〈予約〉必要

http://www.cleardent.co.jp

製造工程からつまようじを知る

ここが見どころ！

原木を加工する機械が並ぶ

機械と共に、つまようじを製造する過程をパネルで紹介している。つまようじの材料は、葦の穂や水鳥の羽根、銀製など様々。こちらでは、卯《うつ》木《ぎ》や黒文字の原木、白樺材からつまようじになるまでを学べる。

ためになる！博物館

「なるほど～」「知らなかった！」と思わずうなる博物館・資料館。豊かな人生のためのスパイスになること間違いなし！

ためになる!

町田オススメ!

薬の町の歴史と未来を伝える
くすりの道《ど》修《しょう》町《まち》資料館

パネルを読めば道修町の歴史がよくわかる

昔の薬の看板やラベルは味わいがありますね。思わずクスリ（薬?）とするキャッチコピーも!

江戸時代から薬種流通で栄えた町

大阪市中央区道修町は江戸時代から薬の町として知られ、現在でも多くの製薬企業が本社を置く。その一画に、医薬の神を祀り「神農《しんのう》さん」の名で親しまれる「少彦名《すくなひこな》神社」がある。社務所の3階がこちらの資料館。中国などから輸入された薬の材料「薬種」の流通の中心地として栄えてきた町の歴史と、「生命と健康を育む町」としての未来に向けた取り組みを紹介している。

少彦名神社の張り子の虎は、病除けの御守

見学所要時間
約**30**分

動画や講演を通じて、よりわかりやすく

所蔵資料は江戸時代のものが約3千点、明治以降のものが約3万点。特に江戸時代の古文書は商都大阪と全国の商業流通史を知る上で価値のある資料だ。展示室ではこれら資料の一部の他、昔の製薬機械、家庭薬のパッケージや看板なども展示する。50インチの大型モニターで江戸時代からの歴史を紹介する「道修町劇場」も人気。

特に製薬企業の新入社員が研修で訪れ、町の歴史と製薬に携わる企業のコンプライアンスを学んでいくという。製薬関係者を対象に館長が紙芝居によるミニ講演も行っており、分かりやすいと好評。

レトロなデザインの家庭薬の看板

かつて使われていた丸薬製造機。穴から薬が出てくる

DATA

くすりの道修町資料館

大阪府大阪市中央区道修町 2-1-8
少彦名神社 社務所ビル 3F
TEL 06-6231-6958
10：00 ～ 16：00
〈休〉 日・祝日・夏季・年末年始
〈交〉 地下鉄堺筋線北浜駅より徒歩 2 分
〈料〉 無料 〈駐〉 なし 〈予約〉 不要

http://www.sinnosan.jp/dosyoumathi-index.html

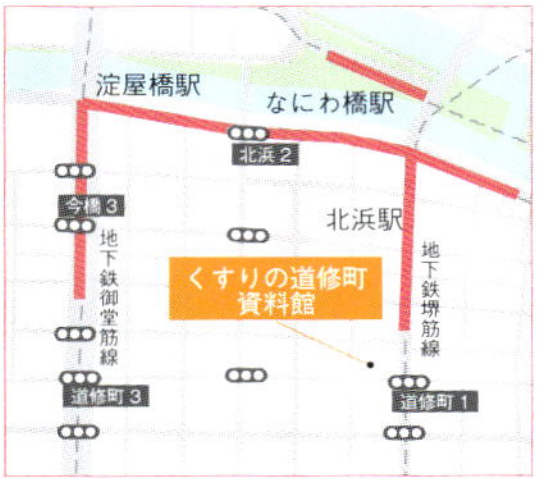

ここが見どころ！

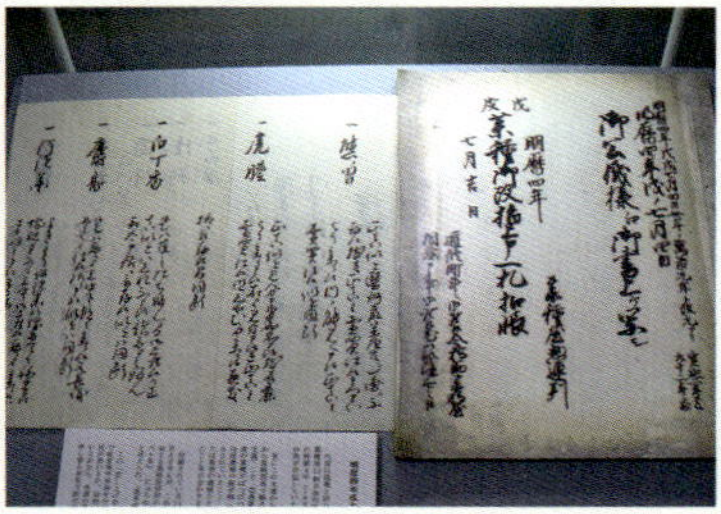
薬種の産地を指定し、それ以外のものは「偽薬」と判断した

※こちらに展示された写しは 1749 年のもの

江戸時代のコンプライアンス！今こそ学びたい製薬企業の心得

道修町の存在を象徴する古文書が、「薬種《やくしゅ》御《お》改《あらため》指上《さしあげ》申《もうす》一札《いっさつ》控《ひかえ》帳写《ちょううつし》」。偽薬と紛らわしい35種類の薬種の取り扱いについて、道修町の薬種屋 33 軒が奉行所と町年寄らに提出した連印帳の写しだ。江戸時代初期の 1658 年に作られたもので（※）、当時から「命を預かる薬は大事なもの」と考える高いコンプライアンスの意識を有していたことがわかる。

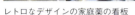

ためになる!

田辺三菱製薬史料館

過去から未来へ、医薬品の変遷

店先で町と店の歴史を語る十二代田邊五兵衛

340年以上の歴史ある企業が運営

医薬品の製造販売を行う田辺三菱製薬株式会社は、延宝6年（1678）に大阪・土佐堀で創業した。2015年、本社内に開館した「田辺三菱製薬史料館」では、企業のあゆみを通して、薬の町・道修《どしょう》町が育てた日本の医薬品産業の歴史を、3つのゾーンに分けて紹介している。

初代・田邊屋五兵衛は、合薬《あいぐすり》「田邊屋振出薬《ふりだしぐすり》（たなべや薬）」を朝廷に納めており、朝廷の「禁裏御用」を勧めていたことや、薬がよく効いたことなどから、1700年頃「黒川《くろかわ》大和《やまと》大掾《だいじょう》 藤原《ふじわら》金永《かねなが》」の名誉称号を受けた。当時の勅許看板をはじめとする、歴史ある収蔵品を展示している。

歴史が刻まれた看板や提灯

見学所要時間

約**30**分

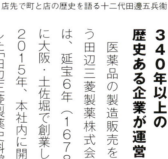

展示品を通して江戸時代から未来へ

「くすりの道修町ゾーン」では、明治期の「田邊屋」の店構えとともに、当時の道修町を再現。創業当時の看板や原寸大で作られた店先は、まるで近代の道修町へタイムスリップしたようだ。

「あゆみゾーン」の様子。中心には基準天秤を展示

「あゆみゾーン」では、特約店に贈った金看板などの収蔵品を展示する他、パネルや映像を用いて340年以上続く会社の歴史を紹介。「いまと未来ゾーン」では、国際創薬企業へと向かう田辺三菱製薬のいまと未来の姿を示している。

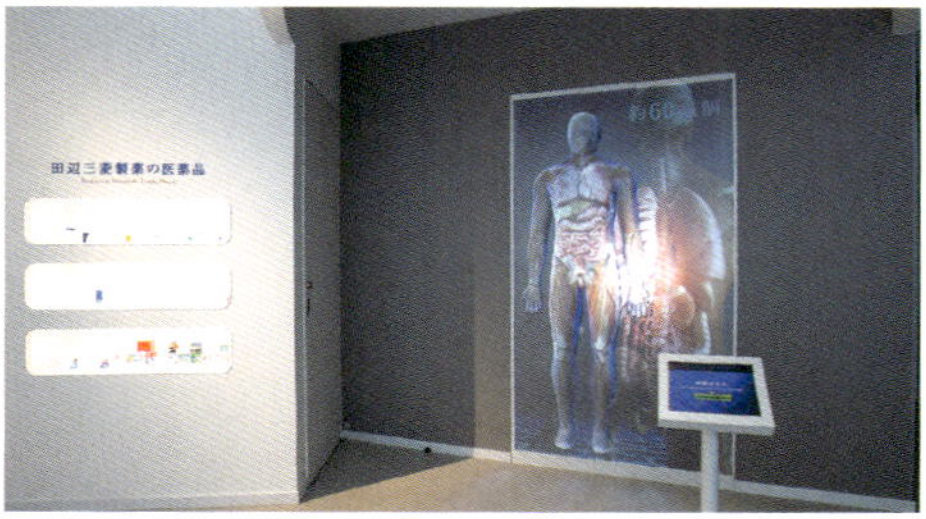

体の仕組みなどを紹介する「バーチャル解体新書」

DATA

田辺三菱製薬史料館

大阪府大阪市中央区道修町 3-2-10
TEL 06-6205-5100
10:00 ～ 17:00（入館は 30 分前まで）
〈休〉 土・日・祝日・年末年始・会社の休日
〈交〉 地下鉄御堂筋線淀屋橋駅・地下鉄堺筋線北浜駅より徒歩 8 分
〈料〉 無料 〈駐〉 なし 〈予約〉 必要

http://www.mtpc-shiryokan.jp/

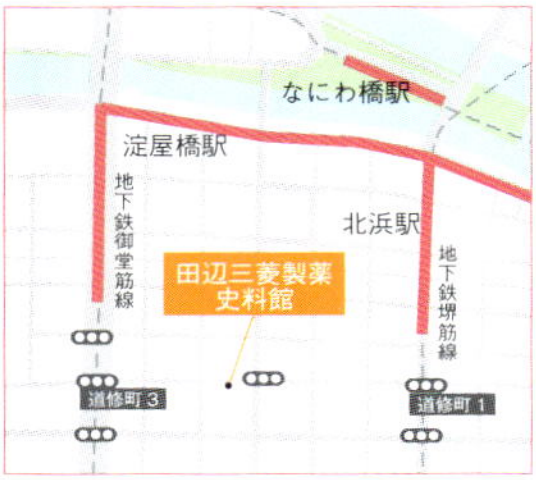

ここが見どころ！

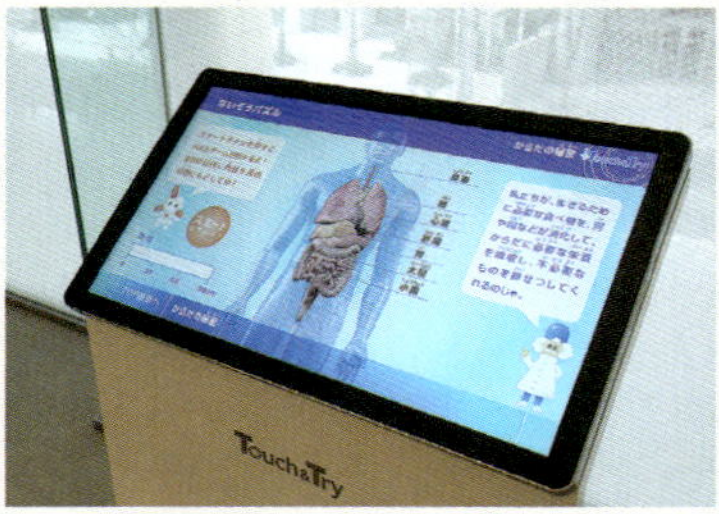

「タッチ＆トライ」の「ないぞうパズル」

ゲーム感覚で体や薬を総合的に学べる

田辺三菱製薬のいまと未来の姿を示す「いまと未来ゾーン」では、新薬の研究開発や、体と薬の関係について紹介する他、3D 映像やタッチパネルを用いて、体の仕組みや薬の効き方をわかりやすく説明している。「タッチ＆トライ」は、クイズやパズルを通じて、大人も子どもも楽しみながら、体や薬のことを学べる。

ためになる!

多くの人が行き交った宿場町の風情が残る

市立枚方宿鍵屋資料館

江戸時代の建物を活かした「市立枚方宿鍵屋資料館」。枚方宿は大坂から２つ目の宿場

江戸後期の建物が資料館に

京都と大阪（大坂）の中間あたりに位置する「枚方宿」は、江戸時代、京街道や淀川を往来する上で重要な場所だった。その枚方宿の歴史を伝えているのが、「市立枚方宿鍵屋資料館」だ。江戸時代に船待ちの宿として栄え、平成９年（１９９７）まで料理旅館を営んでいた「鍵屋」の建物を利用し、平成13年（２００１）に開館した。江戸時代後期の町家建築である「主屋」と、昭和初期に建てられた「別棟」から成り、主屋は市の有形文化財に指定されている。淀川を一望できる別棟2階の63畳の大広間には、和室に洋風の電笠がレトロモダンな雰囲気を醸し出している。

昭和初期に建てられた別棟は豪華な造りの大広間を備える

見学所要時間
約**30**分

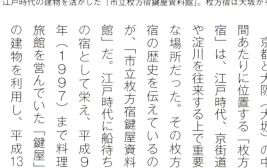

枚方宿に集まる人々の生活を想像

主屋には調理場の「カマヤ」や船待ちをしたと考えられる「ヒロシキ」などを見学でき、その広さや造りから、人々で賑わっていた様子が想像できるだろう。別棟1階には、鍵屋の歴史や、淀川の舟運について、絵図や古文書、パネルなどを展示している他、京街道についても紹介している。大広間では歴史講座や伝統文化のイベント、地元の「うまいもん」を紹介する「大広間茶屋」（毎月第2日曜日）などを開催。イベントや食を通して楽しみながら、枚方宿の歴史や文化を知ることができる。

別棟1階にある鍵屋の復元模型

枚方宿の町並みや、宿場の運営がどのように行われていたかを学べる

DATA

市立枚方宿鍵屋資料館

大阪府枚方市堤町 10-27
TEL 072-843-5128
9:30 ～ 17:00（入館は 30 分前まで）
〈休〉火曜日（祝日の場合は翌平日）
〈交〉京阪電車枚方公園駅より徒歩5分
〈料〉大人 200 円、小・中学生 100 円〈駐〉なし〈予約〉不要

http://kagiya.hirakata-kanko.org/

ここが見どころ！

舟で料理を作れるよう、火床を備えていた

水運が発達していた枚方ならではの仕事

別棟1階にある「くらわんか舟」の復元模型。くらわんか舟とは、淀川を通る乗合船「三十石船」の乗客に「酒くらわんか、餅くらわんか」と言って酒や食べ物を売りつけていた舟のこと。「食べませんか」の河内弁「くらわんか」は、枚方の名物として知られていたそうだ。運上金免除の代わりに、船番所の御用や救助舟の役割も担っていた。

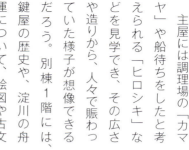

町田オススメ!

往時の趣がそのまま残る館内

よくぞ残してくださった! 貴重な医療器具の数々
眼科・外科医療器具歴史博物館

長い歴史を持つ 眼科と外科の家系

博物館の建物は明治43年築。江戸時代・寛政年間より200年続く医師の家「奥沢家」の建物で、1990年代まで眼科医院として使われていた。現在は眼科と外科を中心とする医療器具を展示している。「外科」というのは現当主・奥沢康正さんの母方「竹岡家」が江戸時代から続く医師の家であることから。さすが京都、悠久の歴史が身近に存在する。

何に使うんだろう?って思う医療器具もたくさん。それを想像してみるのも楽しいかも!?

外観は料亭のようなたたずまい

見学所要時間
約**30**分

医療器具の進化の陰に先人たちの苦労

重厚な門の木戸を開けた瞬間から時代が遡る。玄関には眼科医院だった頃の、ガラス窓の受付口。奥澤さんは閉院の際、この建物を壊して医療器具を捨てるのは惜しいと考え、2001年に博物館を開館した。医療器具の機械化・コンピューター化が進んだ現代において、手作業で治療にあたっていた時代の器具を残す意義は大きい。収蔵されている医業器具は江戸時代から昭和40年代くらいまでのもの。最も充実しているのは眼科の医療器具だ。検査器具、義眼、メガネ、眼球摘出用のメス、様々な症例を示した模型、牛の眼球のホルマリン漬けなど膨大な数が展示されている。

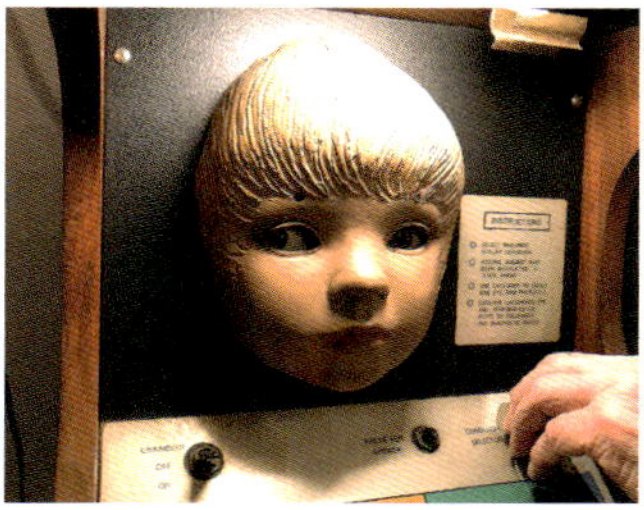
斜視を検査する機械。昭和40年代頃

明治時代の義眼（表・裏）。クルミの殻で作られている

秘密の部屋に並ぶ、珍しい「冬虫夏草」

1階と2階が展示室。秘密の扉を開ければ3階へ行くこともできるので、スタッフに尋ねてみよう。そこにはものすごい数の「冬虫夏草」の標本が並んでいる。「冬虫夏草」とは昆虫に寄生するキノコで、セミ、カメムシ、ハチ、トンボなどの遺骸から紐のように菌糸が伸びている。冬には虫だったものが夏には草になったように見える事から名付けられ、古代から薬用として使われてきた歴史もある。これらは奥沢さんが眼科医の診療の傍ら長年収集してきたものだ。3階は和室で、元は来客と大事な打ち合わせなどを行っていた部屋だという。畳や座卓の上にズラリと並ぶ「冬虫夏草」の標本を見ていると、ここが現代なのか、そして現実の世界なのか、何だか不思議な感覚になってくる。

和室に並ぶ冬虫夏草

セミから伸びた冬虫夏草

リアルな模型や文化財級の貴重な資料

収蔵品は奥沢・竹岡両家の器具の他、館長が集めてきたものや、寄贈されたものも含まれる。シーボルトが持ってきた薬瓶など大変貴重なものも。胎児の成長過程や、産道から赤ちゃんが生まれてくる様子を表した産科の教育用模型もある。看護師が持ち運ぶ医療器具セットのトランクケースは、開けるといまだに消毒液のにおいがツーンと漂ってくる。注目したいのは、明治時代、外国に劣らないほどの繊細・高度な技術で作られた国産のメス。刀鍛冶の多くが維新で廃業の憂き目に遭うが、その技術が活かされて作られたものだという。ともすれば捨てられ、歴史から忘れ去られようとしていたこれらの医療器具。よくぞ残してくれたと思えてくる。

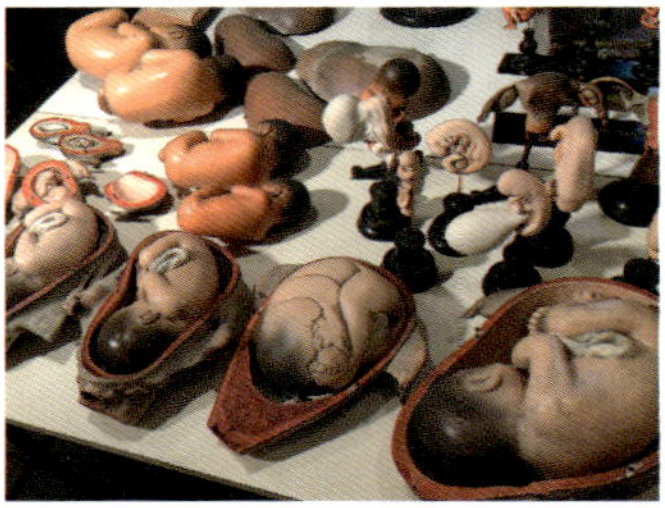
胎児の成長がわかるリアルな模型

家庭薬の袋。「熊の胆」や鯉は滋養のシンボル

DATA

眼科・外科医療器具歴史博物館

京都府京都市下京区正面通鍵屋町 340
TEL 075-371-0781
10：00 ～ 17：00
〈休〉不定休
〈交〉京阪七条駅より徒歩５分
〈料〉無料〈駐〉あり〈予約〉必要

http://www2u.biglobe.ne.jp/~mushokkn/mahm/index_j.html

ここが見どころ！

頭を隣り合わせにしながら筒を覗き込む

今や世界的にも貴重！8人覗けるドイツ製眼底鏡

こちらは1929年、ドイツのカール・ツァイス製の眼底鏡。眼底検査に使用する。8人同時に覗き込み、患者を見られるように設計された教育用機械だ。京都大学にあった当時の最新機種。日本に2台しか残っていないうちの1台で、本場のドイツにはもう残されていないため、ドイツからこれを見に来る人もいるという。

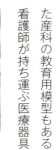

ためになる!

「落語のまち」で落語を存分に楽しもう

池田市立上方落語資料展示館

落語みゅーじあむ

見学所要時間

約10分

「池田の猪買い」など「池田」の名がつく落語を行うこともある

江戸時代から多くの人が往来した能勢街道沿いに建つ

プロもアマチュアも落語家好きは必見

平成19年（2007）、「落語のまち」大阪・池田に誕生した「落語みゅーじあむ」は、上方落語の資料を常設展示している。池田は古典落語の舞台になった地。館内には、これらの落語の紹介や、落語家のDVDやCDを視聴、噺家の楽屋を再現した部屋など、落語をより深く知り楽しめる展示が揃う。毎月第2土曜日にはプロの噺家による落語会（有料）を開催。

アマチュア落語家講座の受講生。出張で落語をする「出前寄席」も行う

DATA

池田市立上方落語資料展示館
落語みゅーじあむ

大阪府池田市栄本町 7-3
TEL 072-753-4440
11：00 ～ 19：00
〈休〉 火曜日（祝日の場合は翌日）・年末年始
〈交〉 阪急宝塚線池田駅より徒歩７分
〈料〉 無料 〈駐〉 なし 〈予約〉 不要

http://www.ikedashi-kanko.jp/recommend-spot04.html

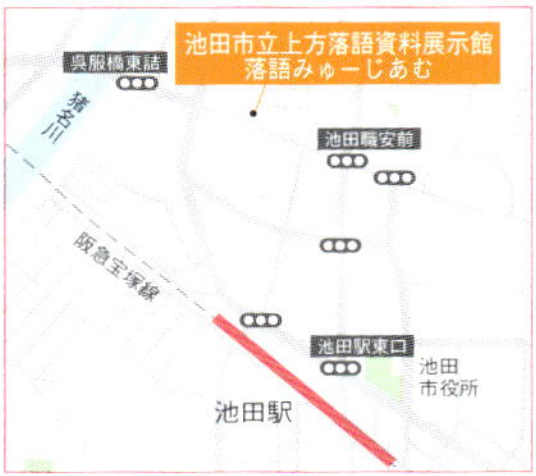

ここが見どころ！

落語の奥深さを知る「アマチュア落語家講座」

コースは初級～上級までの３段階

落語独特の口調や細かなしぐさ、扇子や手ぬぐいの使い方などをプロの落語家に教えてもらい楽しく学べる。修了後は発表会寄席でネタを披露。落語家体験ができる。（有料）

益富地学会館

学者も重宝する、鉱物や化石を収集

会員（年会費6,000円）に公開している貴重な標本。もちろん会員以外の人も見られる展示も充実

地学の普及を目指し館の内外で活動

「石ふしぎ博物館」と呼ばれ親しまれている「益富地学会館」。宮内庁の嘱託として正倉院の調査に携わった経歴を持つ故・益富壽之助博士が、昭和48年（1973）に「日本地学研究会館」を創設し、平成3年（1991）に財団法人化された。

館内には展示室の他、地学関連商品をそろえた売店や、会員のみが使用できる図書室、偏光顕微鏡やX線粉末回折装置などを備えた研究室があり、年間約4000人が来館。アマチュア地学研究者の拠点でもある。会員や、子どもを対象にしたフィールドワークも企画しており、体験を通して、地学普及活動を行っている。

京都御苑の西側に建つ、3階建ての館

見学所要時間

約30分

色も形も様々な石がずらりと並ぶ

3階の展示室には、一見石に見えない変わった石や芸術作品のような宝石の原石、また、学術的に貴重なものや国産の鉱物や化石などが収められている。中には50㎝を超えるアンモナイト化石や黒々とした溶岩も。特別展や一部の展示品は定期的に変更しているものがあり、初心者から地学研究家まで、何度訪れても楽しめるだろう。展示室の公開日（土日祝のみ）には、展示解説員が常駐し、展示品や地学に関する質問に答えてくれるのも嬉しい。

岐阜県平瀬鉱山で発掘された輝水鉛鉱

フィールドワークで行った、鉱物や化石の採集会

DATA

益富地学会館

京都府京都市上京区中出水町 394
TEL 075-441-3280
10：00 ～ 16：00
〈休〉平日（土・日・祝のみ開館）
〈交〉地下鉄烏丸線丸太町駅より徒歩５分
〈料〉300 円、18 歳未満無料
〈駐〉なし〈予約〉不要

http://www.masutomi.or.jp/

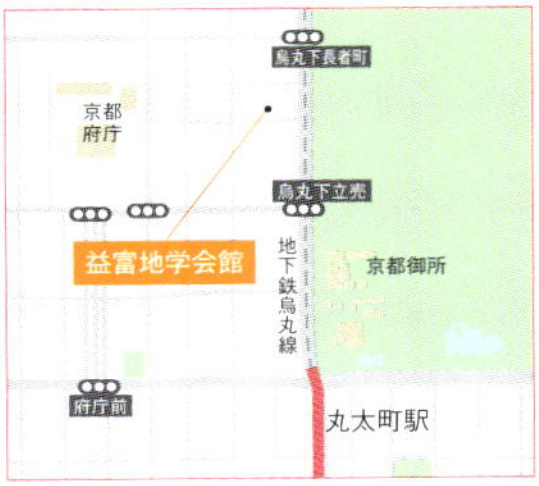

ここが見どころ！

常設展の様子。会員以外は土・日・祝に見られる

国産鉱物が２万点以上！創設者の博士が集めた標本

展示室には、２万点以上もの国内外の鉱物や化石の標本が並んでいる。なんとその大半は薬局経営の傍ら、地質学や鉱物学の研究を行っていた益富博士のコレクションだというから驚きだ。滋賀県で発見された新鉱物「益富雲母」は、昭和 49 年（1974）に益富博士に献名されたもので、常設展示で見られる。

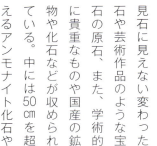

弥生時代の生活がここに

大阪府立弥生文化博物館

竪穴式住居で、家族が食事をとっている模型

地域に根付き広く文化を伝える

総面積約60万平方メートルの弥生時代の環濠集落、「池上曽根遺跡」。その一角に建つこちらは、弥生文化に広く親しみ学習することを目的とし、平成3年（1991）に開館した。地元の遺跡だけでなく弥生文化に関する資料と情報を広く収集、保存、研究、展示している。エントランスホールにある「触れる」コーナーでは、出土品の土器のかけらや銅鐸（模造品）に触れることができる。

随時行われるミニギャラリーやコンサートなどのイベントを楽しみにしている人も多く、地域の人々にとっての文化の発信地にもなっている。

コンサートの様子。考古学だけでなく、様々なイベントを行っている

見学所要時間

約**60**分

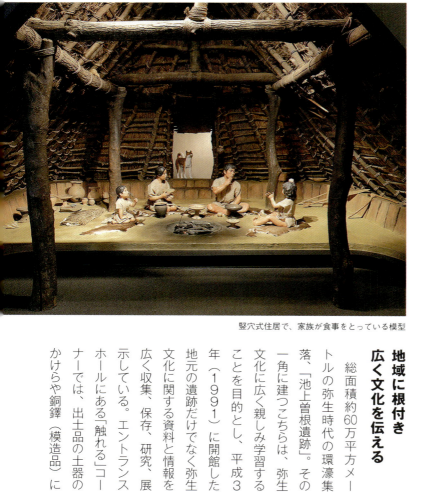

弥生時代を紐解く 充実した資料

常設展は2つの展示室で構成されている。6つのテーマから成る「目で見る弥生文化」では、模型や映像を通して米づくりや国際交流の様子、弥生時代の人々の生活を学べる。また、「池上曽根ワールド」では、池上曽根遺跡に関する資料や出土品を展示。直径約2・2メートルの国内最大の大型井戸木枠のレプリカや、龍や建物が描かれた土器（絵画土器・建物絵画土器はレプリカ）、弥生時代の最も重いヒスイ勾玉などを見られる。

池上曽根遺跡にある館では、特別展と企画展を年２回ずつ行う

ワークショップイベントでは館のキャラクター「弥生博のカイトとリュウさん」がお出迎えすることも

DATA

大阪府立弥生文化博物館

大阪府和泉市池上町 4-8-27
TEL 0725-46-2162
9:30 ～ 17:00（入館は 30 分前まで）
〈休〉月曜日（祝日の場合は翌日）
〈交〉JR 阪和線信太山駅より徒歩 10 分
〈料〉一般 310 円、65 歳以上・高大生 210 円（特別・企画展開催時は異なる）〈駐〉あり〈予約〉不要

http://www.kanku-city.or.jp/yayoi/

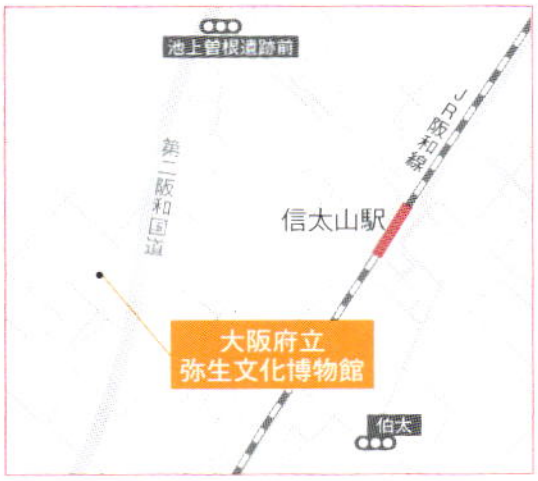

ここが見どころ！

鏡を掲げている卑弥呼の像

邪馬台国の女王・卑弥呼 当時の生活が甦る

「卑弥呼と出会う博物館」をコンセプトとしているこちら。常設展の中央「シンボルゾーン」には卑弥呼像が建つ。当時の食卓や装飾品等を復元した模型、実物の銅鏡を展示する他、卑弥呼の衣装を着られる体験も行っている。常設展の中にある横 5m、縦 3m の大型模型には 3 世紀の卑弥呼の住居を復元した「卑弥呼の館」を展示。

宇治市源氏物語ミュージアム

平安時代の華やかな世界観を表現

寝殿造りをイメージした外観

国内外の観光客や市民に開けた館

宇治茶や平等院鳳凰堂で有名な宇治市。源氏物語の中にもその名が出てくる宇治市が、物語にまつわる街づくり事業を行い、その集大成として開館したのが「宇治市源氏物語ミュージアム」だ。平成30年9月、開館20周年を機にリニューアルオープンした。外国人観光客も楽しめるよう、多言語表記（日本語・英語・韓国語・中国語）の音声ガイドを貸し出している。源氏物語の華やかな世界を象徴する牛車や装束、光源氏の邸宅・六条院の模型など、既存の展示を活かしながら、タッチパネルやモニターを導入した体験型展示を取り入れた。

2.5m × 2.5m の六条院の模型。人や動物の細かい造りにも注目

見学所要時間
約**60**分

体を使って物語に入り込む

館内は無料の「情報ゾーン」と有料の「展示ゾーン」に分かれている。情報ゾーンでは、平仮名の元となった漢字を学べる体験コーナーの他、図書室やショップ、喫茶室などが揃う。

展示ゾーンでは、54巻ある源氏物語のポイントをまとめ、初心者にもわかりやすく解説しているパネルを用意。明かりの効果を利用した「垣間見」体験や、モニターに向かって指定のポーズをとると映像が変わっていき、物語の解説が始まる「動く源氏物語」などがある。体を動かして体験する展示が並び、子どもも楽しみながら源氏物語の世界を学べる。

「垣間見」では、見る側と見られる側を体験

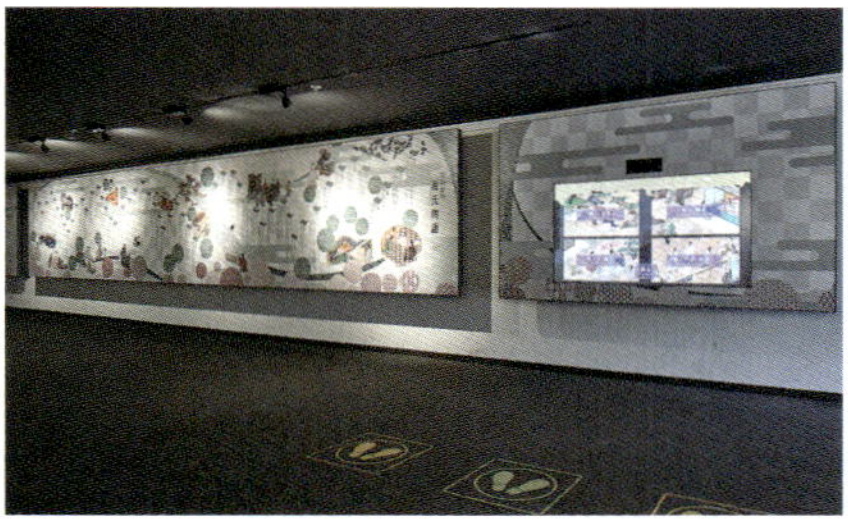

「動く源氏物語」（右）と源氏物語の紹介パネル（左）

DATA

宇治市源氏物語ミュージアム

京都府宇治市宇治東内 45-26
TEL 0774-39-9300
9:00 ～ 17:00（入館は 30 分前まで）
〈休〉月曜日（祝日の場合は翌日）・年末年始
〈交〉京阪宇治線宇治駅より徒歩 8 分
〈料〉大人 500 円、小人 250 円※
〈駐〉あり（有料）〈予約〉不要

http://www.city.uji.kyoto.jp/0000019036.html

※ 2019 年 4 月から観覧料が変更

ここが見どころ！

桜と光の効果で上品な雰囲気

展示物やタッチパネルで物語への理解を深める

平安時代の牛車を復元展示している平安の間。近くで見てその大きさを実感してほしい。右下のタッチパネルでは、牛車をはじめ展示品の詳細を調べたり、ミュージアム周辺の宇治神社や宇治上神社などの観光案内を見られたりする。また、源氏物語に関する書籍を調べることもでき、それらの本は図書室で読むことができる。

芸術的な菓子「糖芸菓子」が見られる
京菓子資料館

菓子木型や和菓子を紹介する展示室

老舗京菓子店が貴重な資料を公開

宝暦5年（1755）創業、和菓子「雲龍」が代表銘菓の「俵屋吉富」が運営している「京菓子資料館」。昭和53年（1978）に前身の「ギルドハウス京菓子」がオープンした。平成13年（2001）には、隣接する龍宝館に移転増床。再現菓子や、御所御用関連の資料、菓子書、古代からの和菓子に関する資料など、展示内容をより充実させた。元のフロアは「俵屋文庫」と称し、代々伝わる古文書や文献、俵屋吉富七代目・石原留治郎の糖芸菓子の作品等を保管している。

趣のある茶室「祥雲軒」や坪庭の他、平成15年の京都景観・まちづくり賞「優秀賞」に選ばれた玄関アプローチにも注目だ。

玄関アプローチには金閣寺からもらい受けた紅白梅の木々も

見学所要時間
約15分

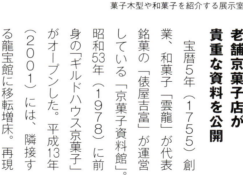

自然に囲まれた店で京菓子文化に浸る

京菓子に関する展示品だけでなく、敷地内は日本らしさを感じられるつくりになっている。坪庭にある「水琴窟」は、江戸時代の庭師が発明したと言われており、琴のような繊細な音色に癒される。豊かな自然の中、穏やかな時を過ごせるだろう。

立礼式の茶室「祥雲軒」では、季節の生菓子と抹茶を味わえる（有料）

瓶に注がれる水が反響して音を奏でる「水琴窟」

定期的に開催している菓子教室では、職人の指導のもとお菓子作りが体験できる（要予約）。京菓子を「見る・食べる・感じる」ことのできる資料館だ。

隣接する烏丸店には、店舗開業時に併設された茶室「明清庵」が。季節ごとに茶花や軸、茶道具などが展示されているので、併せて見てはいかがだろう。

DATA

京菓子資料館

京都府京都市上京区烏丸通上
立売上ル柳図子町 331-2
TEL 075-432-3101（俵屋吉富 烏丸店）
10：00 ～ 17：00
〈休〉 水曜日・年末年始
〈交〉 地下鉄烏丸線今出川駅より
徒歩５分
〈料〉 無料 〈駐〉 あり 〈予約〉 不要

http://www.kyogashi.co.jp/shiryokan/

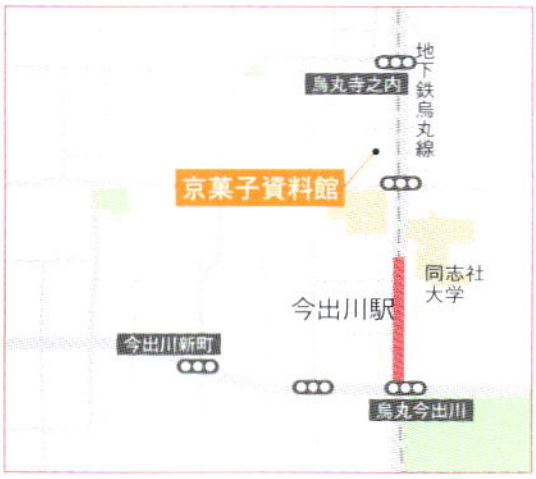

ここが見どころ！

第 24 回全国菓子大博覧会に出展した「秋麗」

芸術性の高い職人技術 四季を表す糖芸菓子

主に生砂糖を使って、四季の花などを本物のように作り上げる糖芸菓子。平安時代から受け継がれ、京菓子技術の中でも最高峰と言われているものだ。過去に全国菓子大博覧会に出展された糖芸菓子を常設展で見られるのは国内でも珍しいという。京の春夏秋冬を巧みに表現した繊細な菓子の美しさを間近で感じられるだろう。

ためになる!

暮らしに密着した鋳物《いもの》をつくってきた歴史

旧田中家鋳物民俗資料館

板の両端をシーソーのように踏んで風を送り、炉内の温度を上げる踏鞴《たたら》の模型

全国でも珍しい鋳物の専門資料館

田中家は古くから枚方で鋳物業を営んでおり、江戸時代には北河内で唯一、正式に営業を許可された鋳物師であった。当時は近隣の人々が日常生活で使う鍋・釜や農具の他、火の見やぐらなどに取り付ける半鐘や寺院の釣鐘なども鋳造していた。明治以降も伝統的な鋳造技術を守って営業を続けていたが、昭和35年頃に廃業。鋳物工場と主屋が貴重な文化遺産であるとして、寄贈を受けた枚方市は両建物を移築・復原し、全国でも珍しい鋳造の専門資料館として昭和59年に開館した。鋳物業を営む人や鋳物に関心のある人ばかりでなく、主屋では枚方の昔のくらしを展示しているため、小学生や市民が訪れるという。

伝統的な鋳物製造用具が並ぶ

見学所要時間

約45分

昔の重労働の様子や、高度な技術を知る

館内には田中家の鋳物製造用具や製品を展示。釣鐘の製作工程を紹介する映像コーナーや、金属に触れたり叩いたりして音を鳴らせる体験コーナーもある。踏鞴《たたら》や甑《こしき》炉（溶解炉）の様子は人形を使ってリアルに再現。また、現在の枚方市内の鋳造業者による製品も展示している。日本の伝統的な鋳型は砂と粘土を混ぜた真土《まね》でつくられる。鋳物の良し悪しは鋳型の出来によって決まる。職人達が丹念につくった鋳型から取り出した鋳物は、仕上げ加工がほとんどいらないという。展示されている鋳型を見れば、なるほど、その話にも納得がゆくだろう。

体験コーナー。手前の鐘は寺院の鰐口《わにぐち》。鳴らしてみよう

田中家の製品。人々の暮らしに欠かせなかった調理道具や農具

DATA

旧田中家鋳物民俗資料館

大阪府枚方市藤阪天神町 5-1
TEL 072-858-4665
9:30 ～ 17:00（入館は 30 分前まで）
〈休〉月曜日（祝日の場合は翌日）・年末年始
〈交〉JR 学研都市線藤阪駅より徒歩 7 分
〈料〉無料 〈駐〉なし 〈予約〉不要

http://www.city.hirakata.osaka.jp/0000002648.html

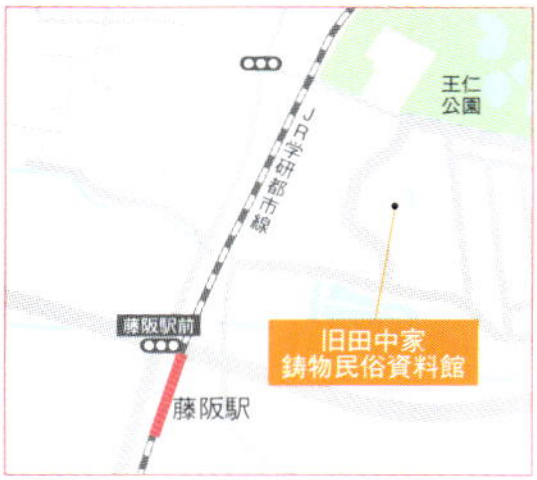

ここが見どころ！

江戸時代中期に建てられた工場と主屋

見どころはまず建物。鋳物師ならではの工場と住宅

鋳物工場と主屋は大阪府指定有形文化財。工場は屋内が高温になるため、土壁に多数の格子窓を配置して風通しを良くしている。また、瓦屋根中央には甑炉の熱を逃がすために風袋を設置。主屋は鋳物師の住宅であるため、防火も兼ねて屋根に瓦が葺かれていた点が、周辺の民家と異なる特徴。鋳物業を営む家ならではの工夫が随所に見られる。

ため
になる!

国内外の印刷文化の歩みをたどる
ニッシャ印刷歴史館

第１展示室では印刷の歴史に関する資料を展示

歴史深き地で 印刷文化を伝える

遠く平安京の時代、この地は都の中心に位置し、宇多天皇や村上天皇などの退位後の住まいであった朱雀院の跡地にあたる。

時はくだり明治28年（1895）、紡績会社の京都綿ネルがこの地に創業。明治39年（1906）には本社事務所を建設。その後昭和23年（1948）に土地と建物を取得したNISSHA（株）が、歴史ある明治の貴重な建物を「本館」として保存。耐震改修後の平成21年（2009）には1階に「ニッシャ印刷歴史館」が開設され、国内外の印刷の歩みに関する歴史資料を展示。歴史館および建物の運営・管理はニッシャ印刷文化振興財団が行っている。

印刷歴史館外観（NISSHA 本館）

見学所要時間
約**60**分

印刷の原点から近代までの歴史回廊

館内の展示物を見てみよう。時代は一気に今から4000年前の紀元前2000年頃に遡る。古代メソポタミア、シュメール人によって生み出された楔形文字の粘土板の実物を展示、人が文字をどのように伝えてきたかがよくわかる。

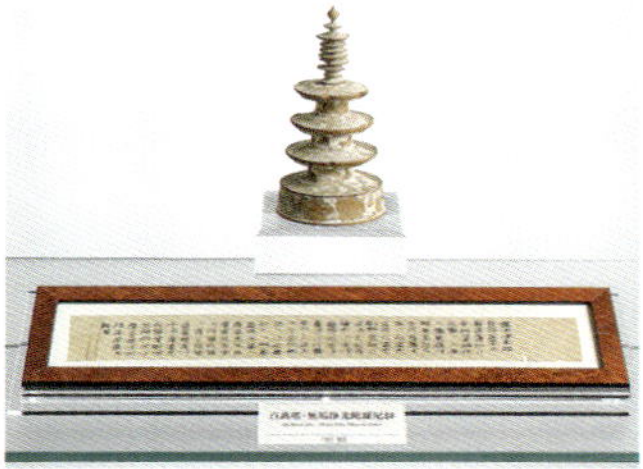
「百万塔・無垢浄光陀羅尼経」

次に、奈良時代の後半、西暦770年に6年をかけて完成した世界最古の量産印刷物である「百万塔・無《む》垢《く》浄《じょう》光《こう》陀《だ》羅《ら》尼《に》」を見てみよう。戦乱の死者を弔うために、当時の天皇の勅命を受け百万枚のお経と百万基の小塔が作られ、今も奈良に残る東大寺や法隆寺など十カ所の大きな寺に十万基ずつ奉納されたもの。その後、戦乱や天災などで法隆寺のみに残ることとなり、そのうち1基がこちらに展示されている。

展示室中央には、世界の印刷の祖と呼ばれたグーテンベルクが作ったとされる印刷機の原寸大複製機が威容を誇る。また工房で印刷された「42行聖書」のファクシミリ本も見ることができる。その他、ロートレックの工房で使われていたとされる木製の「石版印刷機」の実機や、1040年頃の中国宋時代に木を彫刻して作られた木製活字の実物も展示されている。

中国、宋の時代の木製活字

印刷に向き合った先人たちの労苦

字体の種類の多さから日本では広がりを見なかった活字文化だが、江戸時代後期まで長く続いた木版印刷により、多くの書籍が出版された。館では杉田玄白らがオランダ語の解剖医学書を翻訳して出版した「解体新書」の初版本や、日本の印刷の父と称された本木昌造が関わったとされ、幕末の長崎奉行所でオランダから運ばれた印刷機を使って刷られた活字組みの辞書「英文典初歩」の実物も展示する。

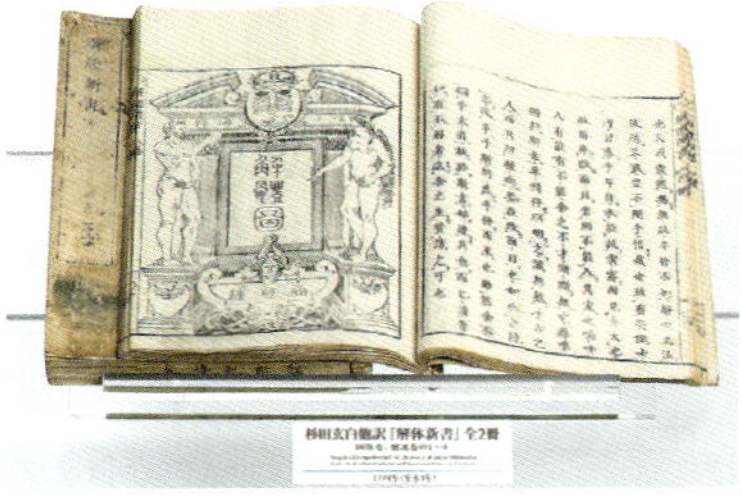
『解体新書』

国の登録有形文化財に登録の建物も必見！

印刷歴史館の見どころは、展示物だけではない。建物そのものにも価値がある。今から110年以上前に建てられた明治を代表する貴重なレンガ造りの建物で、国の登録有形文化財に登録されている。

また第2展示室は建物に関する展示内容で、当時のレンガや梁など明治時代の遺構が見られ、第3展示室では初期の欧文タイプライターや豪華本などを自由に見ることができる。

また、ニッシャ印刷文化振興財団が発行するWebマガジン「AMeeT《アミート》」では、アートとテクノロジーを融合させた印刷文化を定期的に情報発信。チェックしてみると面白い。

第２展示室では明治の建築遺構を展示

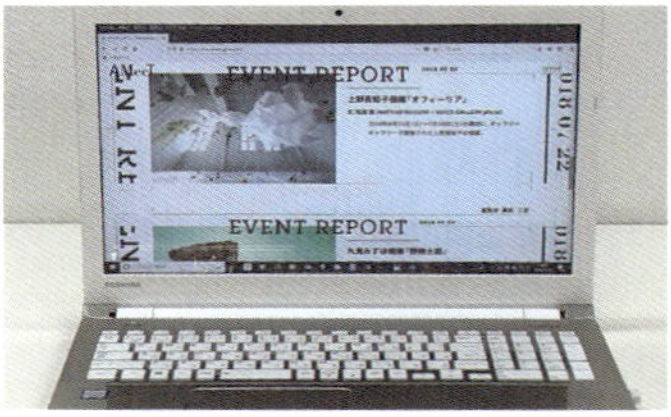

「AMeeT」（https://www.ameet.jp/）は特集、コラム、イベントレポートなど盛りだくさんの内容

DATA

ニッシャ印刷歴史館

京都府京都市中京区壬生花井町３
TEL 075-823-5318
10:00～17:00（入館は30分前まで）
〈休〉土・日・祝日
〈交〉阪急・京福大宮駅または西院駅より徒歩10分
〈料〉無料〈駐〉あり〈予約〉必要

http://www.nissha-foundation.org/history_museum/

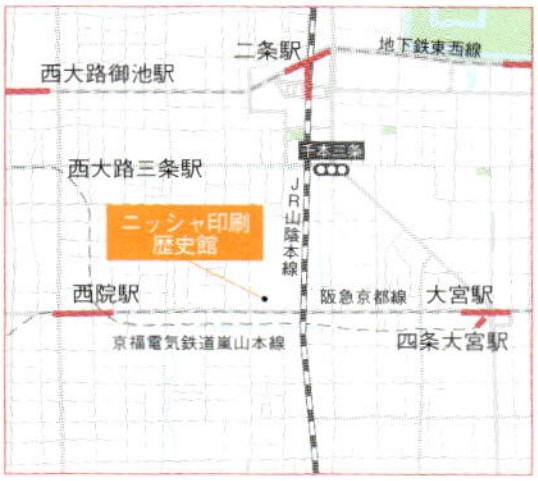

ここが見どころ！

展示室中央に設置された「世界の印刷の祖」グーテンベルクの印刷機

世界でも希少なグーテンベルク印刷機（複製）

15世紀中旬、ドイツの金細工職人グーテンベルクが鉛を主成分とする金属活字を鋳造。油性インキを作ったあと、ブドウ絞り機をヒントに手押し印刷機を開発した。この活版印刷技術は火薬・羅針盤とともにルネサンス３大発明と称される。展示品はドイツの木工技師によって精密に製作された原寸大レプリカで大変希少なもの。実機はすでに世の中には存在しない。

京都外国語大学 国際文化資料館

多種多様な民族文化を学ぶ

見学所要時間 約20分

常設展はの様子。地域ごとやテーマごとに展示

大学内の資料館。世界各地の民族文化の調査研究も行っている

各国の文化を伝える民族資料や美術工芸品

1991年、寄贈資料や大学の教授らが収集した資料の保存と学芸員課程を学ぶ学生たちの実習の場として、前身の国際文化資料室が開館した。その後2009年に現在の姿にリニューアル。収蔵するのはイスラム文化圏の民族資料をメインに、中南米の民族資料や考古資料（レプリカ）など。多種多様な品を数多く展示する。海外だけでなく、京都の文化を伝える「京の匠」展を毎年行っている。

ブラジルの宗教「カンドンブレ」の人形

DATA

京都外国語大学
国際文化資料館

京都府京都市右京区西院笠目町6
TEL 075-864-8741
10：00～17：00
〈休〉日・祝日
〈交〉地下鉄太秦天神川駅より徒歩5分
〈料〉無料〈駐〉なし〈予約〉不要

http://www.kufs.ac.jp/umc/

ここが見どころ！

メキシコに魅了された忍 TOBITAの作品たち

メキシコの美術を学んだ芸術家・忍TOBITA。京都外国語大学や初代館長とのご縁があり、氏が亡くなってから寄贈された品々を、常設展や企画展で公開している。

「アフガンの月」忍 TOBITA

ためになる!

江戸の経済を支えた大阪商人の暮らしを知る

大阪商業大学 商業史博物館

綿から木綿までの加工過程を実物史料を中心に展示

貴重な史料で学ぶ大阪の商人の暮らし

商業史博物館は江戸時代「天下の台所」といわれた大阪の商人に関する史料を収集・展示する博物館。校舎をリニューアルした「谷岡記念館」というモダンな建物の中にある。江戸時代の大阪の町人の商売や自治の様子がわかる史料が展示されており、江戸時代の土地台帳や選挙の投票用紙など、他では目にすることのない珍しいものが揃っている。

日本を支えた綿づくりの秘密に迫る

3階では、大学のある河内地方で盛んだった綿の生産についての史料を展示。綿はそれまで珍重されていたが、日本で

昭和初期の近代建築をリニューアル

見学所要時間

約**30**分

生産が広がるのは江戸初期。大阪ではその経済力を背景に頻繁に氾濫を起こす大和川の流れを変え、1704年に新田を開発したものの、土壌が米作に向かず、綿を植えたところ大成功。一時期は稲作の2倍以上の利益をもたらした。そして、明治以降の日本の綿産業の発展の土台となり、大阪の黄金時代を築いた。博物館では実物の織機をはじめ耕作に使われた用具から、生産加工に使われた様々な史料を展示。学芸員から詳細な説明を聞ける他、当時の綿繰りの道具の複製を使って、綿の種を取り出したり、糸繰りを体験したりできるので、予約を入れることをお勧めする。

享保の大判がキラリ

ひとめぐりした後は新校舎（徒歩５分）内のリアクトカフェ（定休日要確認）で一息

DATA

大阪商業大学 商業史博物館

大阪府東大阪市御厨栄町 4-1-10
TEL 06-6785-6139
10：00 ～ 16：30
〈休〉日・祝日・創立記念日（2/15）・年末年始・大学休暇中（HP 参照）
〈交〉近鉄奈良線河内小阪駅より徒歩５分
〈料〉無料 〈駐〉なし 〈予約〉不要

http://ouc.daishodai.ac.jp/museum

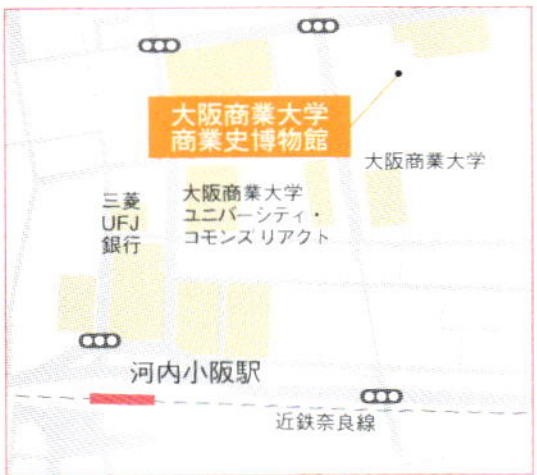

ここが見どころ！

水戸藩の千両箱

ずっしり小判が詰まった二千両箱。その重さはいかに。

時代劇などでよく耳にする「千両箱」。実際の重さはいかほどなのだろうか。同館内には、二千両箱の重さを体感できる一角がある。天保小判（約 11.25g）は 2000 枚で 22.5kgの重さ。それを盗賊が担いで走って逃げるシーンなど、本当にあり得るのか疑問に思われる方も多い。ちなみに江戸時代の人は現代人より力が強いので、大丈夫かもしれないとのこと。

日本初、〝漢字〟の体験型ミュージアム
漢検 漢字博物館・図書館（漢字ミュージアム）

2階にはデジタル機器などを使った体験ブースが20以上あり楽しめる

体験によって学びを深める

「漢検 漢字博物館・図書館（漢字ミュージアム）」は京都市元弥栄中学校跡地に建設された。体験を通して楽しく理解を深め、漢字の誕生や成り立ち、進化について学べるので、子どもだけでなく中高年にとっても、日本語や漢字文化への認識をより深める機会になる。1階ではグラフィックや資料に触れるハンズオン装置を使って、甲骨文字から始まる漢字の歴史や、万葉仮名など漢字の仕組みを知ることができる。特に目を引くのは年末にニュースでよく見かける「今年の漢字」。縦横およそ1.5メートル弱ほどある本物は、間近で見ると迫力。

年末には今までの漢字が一堂に会する特別展も

見学所要時間
約**90**分

知るって楽しい豊かな漢字の世界

２階ではお題の部首にカードを組み合わせる「部首組み合わせタッチパネルかるた」や、体を使って漢字の形になるなど、遊びながら漢字と触れあえるコーナーが盛り沢山。漢字のおもしろエピソードや方言など好奇心を刺激される展示も。魚篇の漢字が並んだ巨大な湯飲みは人気の撮影スポットで、記念撮影の後はＳＮＳに投稿し、自分の体験や学びを皆と共有できる。展示を見るだけでなく体験を通して遊びながら漢字に親しみ、関心を高められる施設だ。

「あ、これじゃない？」楽しげな声が飛び交う

人気の「漢字回転すし」の隣には巨大な湯飲み。「この漢字、間違ったやつ!?」

DATA

漢検 漢字博物館・図書館（漢字ミュージアム）

京都府京都市東山区祇園町南側 551
TEL 075-757-8686
9:30 ～ 17:00（入館は 30 分前まで）
〈休〉月曜日（祝日の場合は翌平日）・年末年始
〈交〉京阪本線祇園四条駅より徒歩 5 分
〈料〉大人 800 円、大・高生 500 円、小・中学生 300 円 〈駐〉なし〈予約〉不要

https://www.kanjimuseum.kyoto/

ここが見どころ！

大人も子どももつい夢中になり、一日中席が空くことが無いコーナー

あなたはいくつ正解できる!? 回転寿司クイズ！

回ってくるお皿を取ってクイズに答える「漢字回転すし」。手元の電子パネルに流れてくる皿を選んでタッチし、そのネタが魚偏に何と書くのか選択式で回答する。正解すると、パネルの中でその魚が泳ぎだし、不正解だと骨が泳ぐというユニークなもの。子供のみならず世代を超えて親しまれている、ミュージアムで一番の人気コーナー。

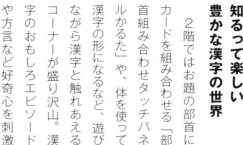

ためになる!

遺跡の上で、大阪の悠久の歴史を感じる

大阪歴史博物館

難波宮の宮廷儀礼の世界が広がる

まずは一気に古代へ！
時間旅行へ出かけよう

大阪市の「難波宮《なにわのみや》跡と大阪城公園の連続一体化構想」の一環として、大阪歴史博物館は、「大阪市立新博物館」と「考古資料センター」双方の構想を統合して2001年に建設された。その当初のねらい通り、古代の都・難波宮に関する展示に力を入れている。入館するとまず10階までエレベーターで一気に上がり、奈良時代へタイムスリップ。難波宮の大極殿《だいごくでん》を原寸大に復元した空間では、朱塗りの円柱が立ち並び、官人たちがおごそかに整列している。その後9階、8階、7階と下るにつれて、時間旅行は現代へと近づいていく。

天下の台所、浪花のにぎわいを紹介

見学所要時間
約90分

大阪の歴史を学びに、まずは訪れたい

古代から中世・近世へ。そして近代・現代へと、都市・大阪の歴史をまんべんなく学べるこちらの博物館。とりわけ「天下の台所」と呼ばれ、水運が盛んだった近世の歴史は、大阪ならではの歴史と言えるだろう。近現代は工業都市化が進み、都市の文化的な生活や娯楽が発展した。それらの歩みを資料や模型を使って臨場感あふれる形で紹介している。大阪の繁華街の通りを再現した一画は、歩いているとワクワクする。大阪に住む人にも、旅行で大阪を訪れた人にも、ぜひ訪ねてほしい博物館だ。

近代・現代フロア。懐かしさを感じる世代もいるだろう

洋品店の前を歩くモダンな女性の模型

DATA

大阪歴史博物館

大阪府大阪市中央区大手前 4-1-32
TEL 06-6946-5728
9:30 ～ 17:00（入館は 30 分前まで）
〈休〉火曜日（祝日の場合は翌日）・年末年始
〈交〉地下鉄谷町線・中央線
谷町四丁目駅より徒歩すぐ
〈料〉大人 600 円、高大生 400 円、中学生以下無料〈駐〉あり（有料）〈予約〉不要

http://www.mus-his.city.osaka.jp/

ここが見どころ！

倉庫跡、塀跡などの遺構が見つかっている

本物の遺跡の上に建つ博物館。見学ツアーにも参加してみよう

８階には原寸大に再現した発掘現場があり、調査方法や遺構・遺物の見かたを学べる。また、地下ギャラリーなどでは保存された本物の遺跡を見学できる。というのも、こちらの博物館は飛鳥時代の「難波長柄豊碕宮《なにわながらのとよさきのみや》」があった場所に建つからだ。１日６回、遺構見学ガイドツアーを開催。遺跡が実際に見られる博物館は大変珍しく、海外からも博物館関係者が見学に訪れる。

ためになる!

流通の歴史を業界の革命児から学ぶ
ダイエー資料館

ダイエー創設者中内氏のフロンティア精神を辿る

消費者を大事にした創設者の理念

今では日本全国あちらこちらで目にするショッピングセンター。その形態を日本で初めて導入したのがダイエーだと知る人は、一体どれくらいいるだろうか。他にもダイエーは、プライベートブランドを充実させ、それまでメーカー主体で決定していた価格を消費者中心のものにするなど、革新的な方針を数多く打ち出し、流通・小売業界を発展させた。

そのダイエーの創設者・中内㓛の理念を受け継ぐ流通科学大学内にある「ダイエー資料館」は、「流通革命の旗手」と評されるダイエーの歴史を振り返ることができる施設だ。

様々な写真から歴史を振り返る

見学所要時間
約**20**分

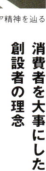

一つ一つがなつかしい昭和を感じる展示物

まず目につくのはダイエー1号店、千林駅前店のファサード復元。おなじみオレンジと緑の色合いが鮮やかだ。店舗の制服やチラシ、商品なども展示され、訪れた人からは思わず「懐かしいね～」と声が漏れる。特に皆、足を止めるのが「BUBU」というブランドで販売されたカラーテレビ。今のものとは違い、しっかり厚みのある作りだ。福岡「ダイエーホークス」や女子バレーボールチーム「オレンジアタッカーズ」の貴重な資料も展示され、青春時代に手に汗を握ったファンにとってはたまらない。

小売業だけにとどまらず多様な事業を進めた

必勝祈願の「V革うさぎ」。よく見るとりりしい顔立ち

DATA

ダイエー資料館

兵庫県神戸市西区学園西町3-1
TEL 078-794-3555（代）
10：00～17：00
〈休〉土・日・祝日
〈交〉神戸市営地下鉄学園都市駅より徒歩5分
〈料〉無料〈駐〉あり（有料）
〈予約〉必要

http://www.umds.ac.jp/facility/mdsa/

ここが見どころ！

資料館内でひときわきらりと輝く「繁栄の鍵」

グループ一丸でダイエーの躍進に取り組んだことを示す展示品

新しく店舗がオープンすると、中内氏自ら店長に渡していたという「繁栄の鍵」。それぞれよく見ると、店舗の名前なども展示されている。受け取った人はその重みをかみしめながら業務にあたったことだろう。売り上げ低迷期に各店舗の店長が名前を記し、必勝を誓った「V革うさぎ」など、一人一人の決意と奮闘がうかがえる。

キャッシュレジスター博物館

キャッシュレジスターの美しさと音色

レジスターを活用した小売業の変遷も学べる

レジスターの変遷をたどる

前頁と同じく流通科学大学内にある「キャッシュレジスター博物館」では、長年にわたってダイエーの創設者・中内㓛氏が収集した77台を展示する。氏をして「キャッシュレジスターの響きは、この世の最高の音楽である」といわしめたキャッシュレジスター。発明された19世紀末から20世紀初頭のアメリカ製のものを中心に、ルネッサンス調の装飾性の高いものなどが揃っている。特徴ごとに分かれて展示されており、金属製のものに比べて独特の色合いやぬくもりがある木製のものや、凝った装飾で客の目を引き、店のステータスにもなった精巧で豪華なものなどがある。

美術品としても一見の価値あり

見学所要時間

約**20**分

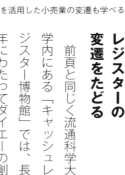

見るだけでもうっとり超貴重なレジスターも

館内で最も古いレジスターは1887年に製造されたもので、打鍵やキャビネットは木製。取引ごとに引き出しが開き、ベルの音が鳴るなど、様々な機能がある。美しいレジスターの中でも特に来館者が足を止めるのが、

タイプライター方式のボタン

1901年生産のホールウッド社製。真鍮でできた飾り棚を持ち、側面にバラの装飾があるなど見た目も非常に美しい。現存するものは世界に3台だけと非常に貴重。見て回るだけでも目にも楽しい。また、中内氏が愛好したベルの音を実際に鳴らせるコーナーもある。

時代によって素材や特徴も変わる

DATA

キャッシュレジスター博物館

兵庫県神戸市西区学園西町 3-1
TEL 078-794-3555(代)
10：00 ～ 17：00(月～金)
〈休〉 土・日・祝日
〈交〉 神戸市営地下鉄学園都市駅より徒歩 5 分
〈料〉 無料 〈駐〉 あり （有料）
〈予約〉 必要

https://muse.nakauchi.com/

ここが見どころ！

創業時ダイエーで使われていたスエダモデル

昭和を感じる日本のレジスター

NCR、スエダ、東芝など日本で使用されたレジスターも展示されている。創業時にダイエーで使われていたのは、スウェーデンから輸入されたスエダモデル。1968 年の「ダイエー千林駅前店」に導入され、伝票印刷ができるなどの特徴がある。他にも国産のものでは、東京電機から「電子レジ百万台達成記念」として贈られたものもある。

日本で唯一の大工道具博物館
竹中大工道具館

ロビーは国産杉の無垢材で組み上げた舟底天井

アプローチから期待が高まる

日本でただ一つの、大工道具の博物館。大手建設会社「竹中」の名を冠するものの、伝統建築をつくってきた職人の技と心を未来に伝えることを目的に、日本の大工道具の歴史を掘り下げる内容となっている。

博物館は鉄筋コンクリート＋鉄骨造の最新建築技術と伝統の職人の技が融合した建物で、展示スペースは地下に広がる構造となっている。一見すると地上は木造平屋建てに見え、背後の六甲山の緑が目にまぶしい。周囲の景観に配慮した造りで、こんなところにも竹中工務店の技術と心が垣間見えるような気がする。

新幹線の駅前にありながら、豊かな自然に囲まれている

見学所要時間

約90分

貴重な大工道具の現物や復元資料

展示コーナーは7つに分かれており、まずは地下1階の「歴史の旅へ」。木造建築の発達とともに進化してきた日本の大工道具の歴史を、先史時代から近代までの建築史に沿いながら資料、模型、映像などで解説する。

画像の左に写るのは製材のための大鋸

そもそも大工道具は研いで磨り減るまで使うものであり、芸術作品や文書のように保存を目的としてこなかったため、古い時代のものはほとんど残っていない。電動工具が普及した現代において、かろうじて現存する手仕事の大工道具の現物や、精巧な復元資料は、先人たちが受け継いできた歴史を伝えてくれる。

職人たちを束ねる棟梁の技を伝える

「棟梁に学ぶ」のコーナーは、法隆寺の宮大工・西岡常一の仕事を紹介。その弟子に当たる小川三夫氏が修業時代に作った、法隆寺の20分の1サイズの精巧な模型も「歴史の旅へ」のコーナーに展示されている。なお、こちらの博物館に所属する技能員は小川氏の弟子であり、展示物の手入れや体験イベントの指導に当たっている。ただ資料を保存・展示するだけでなく、一流の技術を実際に受け継ぐ場となっていることも、博物館の大きな存在意義と言えるであろう。

「棟梁に学ぶ」コーナー。大きな模型でわかりやすく解説

「道具と手仕事」コーナーでは鑿《のみ》や鉋《かんな》など大工道具の種類や仕組み、使い方を解説。「世界を巡る」のコーナーは中国とヨーロッパの大工道具を展示し、日本の大工道具との違いも解説する。「和の伝統美」コーナーには茶室の実物大模型が置かれ、組子細工や雲母摺《きらず》りの唐紙襖など、精緻で美しい建具を見ることができる。

手道具としての大工道具を展示

大工道具の名工と木と向き合う匠の技

「名工の輝き」コーナーでは、大工道具を芸術の域にまで高めた名工・千代鶴是秀をはじめとした道具鍛冶を紹介。「木を生かす」のコーナーでは、木と向き合う匠の技に迫る。同じ山に生える同じ木でも、南側の木は建物の南向きに、北側の木は北向きに使うと良いといわれている。また、実際に木に触って木目の違いを確かめられる「木取りハンズオン」も、多くの人が足を止めるスポット。建築家や大工でなくとも、これらの知識を得たり体験をすることは、興味深い。

博物館は新幹線の「新神戸」駅前。建築に興味がある人はもちろん、「1時間だけ空き時間ができたので立ち寄りました」という旅行者まで、幅広い層が来館している。

茶室の実物大模型。スケルトン構造のため、職人技術がよく見える

大工を支えるのは、大工道具を作る職人だ

DATA

竹中大工道具館

兵庫県神戸市中央区熊内町7-5-1
TEL 078-242-0216
9:30～16:30（入館は30分前まで）
〈休〉月曜日（祝日の場合は翌日）・年末年始
〈交〉山陽新幹線・地下鉄新神戸駅より徒歩3分
〈料〉一般500円、65歳以上200円、高大生300円、中学生以下無料
〈駐〉あり〈予約〉不要

http://dougukan.jp

ここが見どころ！

名栗仕上げの自動ドア。素朴な風合いだが、モダンな感じもする

職人技が生み出した、建物そのものが価値ある“展示物”

一番の見どころは建物と言ってよいかもしれない。随所に伝統の職人技が散りばめられている。壁は漆喰で、屋根は瓦。入口のドアは釿《ちょうな》の削り跡が美しい名栗仕上げ。ロビーは伝統と現代の建築技術が融合した、内部に柱のない大空間。天井は天然の無垢材を使った伝統の舟底天井。博物館そのものが、匠の技の数々を肌で感じられる場となっている。

ワクワクする！博物館

懐かしさやカッコ良さにあふれる展示の数々。心躍るワクワク空間です。「楽しかった！」「また行きたい！」とリピーターになる可能性大。

ワクワク！

創業の志を今に伝える
江崎記念館

町田オススメ！

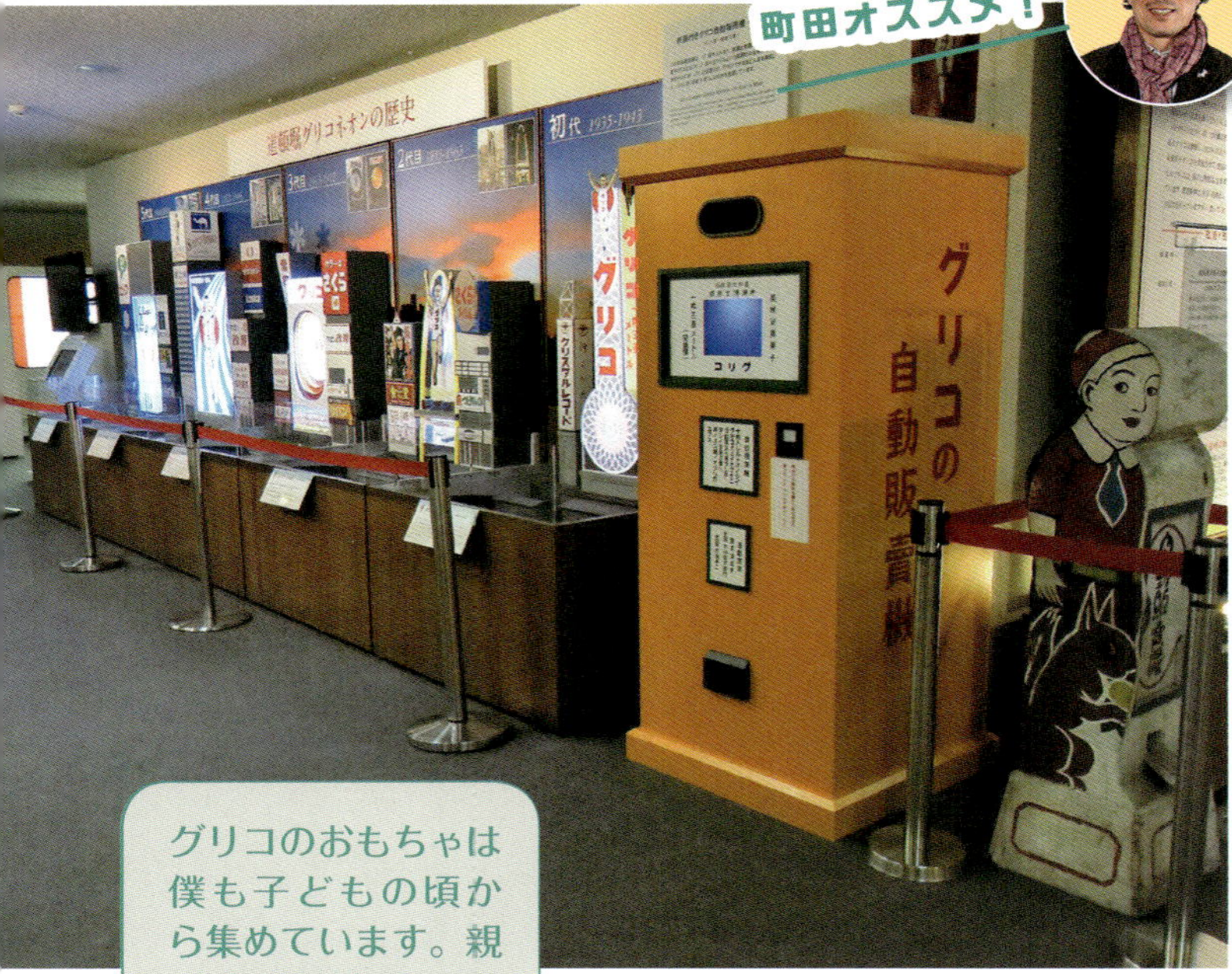

手前は日本初の映画が見られる自動販売機（複製）

グリコのおもちゃは僕も子どもの頃から集めています。親子３代で楽しめるミュージアムです。

町田さん自宅にて

国民の健康のために グリコが誕生

「江崎グリコ」の歩みと創業理念「食品による国民の体位向上」を伝える施設。大正時代に誕生したグリコは、牡蠣の煮汁に含まれるグリコーゲンがエネルギー源になることから、これを菓子に入れて子どもたちに食べてもらおうとキャラメルに練りこんだのが始まりだ。創業時代の資料ではゴールインマークの変遷や、ハート型の金型、グリコを炊いた真空釜やグリコを練ったしゃもじなどを展示している。

創業者・江崎利一の志を伝える

見学所要時間
約**50**分

これ見たことある！懐かしさ溢れる展示

グリコ、ビスコ、ポッキーなど製品の歴史はパッケージの変遷と共に紹介。広告・販促の歴史を展示するコーナーでは、新聞広告やテレビコマーシャルの歴史、道頓堀のグリコサイン（ネオン看板）初代から5代目までの模型、4000点に及ぶグリコのおもちゃを展示する。創業者・江崎利一を偲ぶ部屋では、愛用の机や学生時代の勉強ノートなどを展示する。

神戸には工場見学施設「グリコピア神戸」があるが、歴史が好きな人や広告に関心のある人には江崎記念館がオススメ。シニア世代も懐かしさに浸れるはずだ。

昭和５年、夏場にも溶けないよう、業界初の真空釜を導入

グリコのおもちゃは今なお子どもたちの心をとらえている

DATA

江崎記念館

大阪府大阪市西淀川区歌島 4-6-5
TEL 06-6477-8257
10:00 ～ 16:00（入館は 30 分前まで）
〈休〉土曜日（第１・第３以外）、1・5月の第１土、日・祝日・盆休み・年末年始
〈交〉JR 東海道本線塚本駅より徒歩 16 分
〈料〉無料〈駐〉あり〈予約〉必要

https://www.glico.com/jp/enjoy/experience/ezakikinenkan/

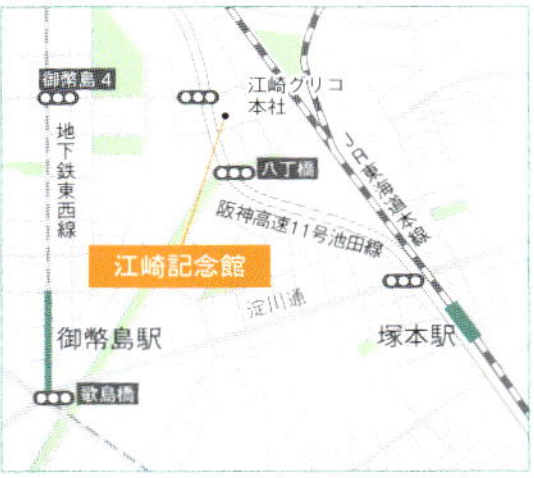

ここが見どころ！

お年寄りから孫の世代まで、一緒に見入ってしまう

グリコと言えばやっぱりおもちゃ！懐かしい“再会”がきっとある

グリコのおもちゃは昭和２年から現在まで約３万種類あり、江崎記念館ではそのうち歴代おもちゃ 4000 点を展示している。おもちゃのモチーフや素材には時代ごとの流行や世相が反映されている。なお、江崎グリコでは「おまけ」ではなく「おもちゃ」と表現している。これは“おもちゃは心の健康を養うもの”として、菓子同様に一つの商品であると考えるためだ。

ワクワク!

箕面公園昆虫館

三大昆虫宝庫で学ぶユーモラスな虫の世界

常時10～15種類程、約500頭の蝶を見ることができる

虫に触れる企画は子どもに人気

かつて箕面の森は東京の高尾、京都の貴船と並び「日本三大昆虫宝庫」と称され、国内外の昆虫学者の調査研究の場としても知られていた。昆虫の多様性は驚くべきもの。未知の昆虫も数多く存在すると言われており、形態や生態に関しても謎が多い。箕面公園昆虫館では来館者の好奇心を刺激する展示・体験を通して昆虫に親しめるよう、箕面に生息する身近な昆虫や、遠い海外の昆虫の標本や生体を展示・解説している。幼い子でも楽しめるようキッズルームを設け、昆虫に触れるイベントを開催して人気を博している。

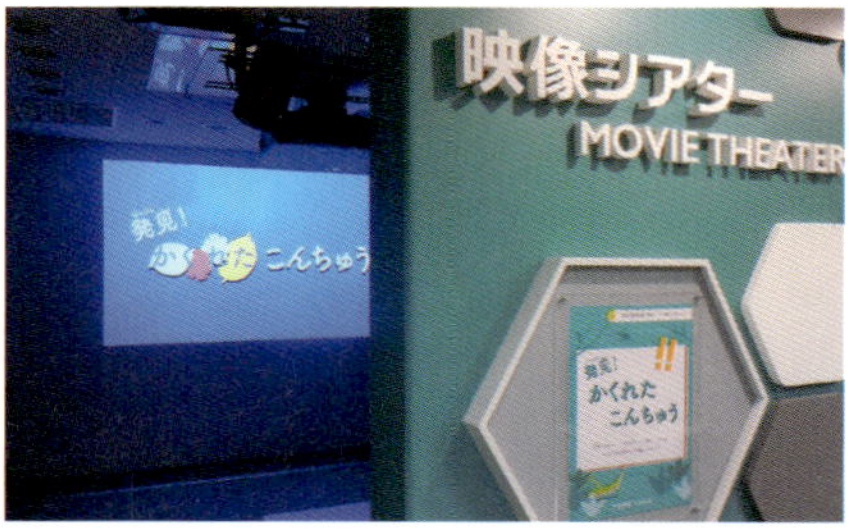

箕面公園昆虫館オリジナルのアニメーションを上映

見学所要時間

約**30**分

初心者からマニアまで親しみやすい展示

中高生向けに昆虫の分類を学べる展示も行っており、昆虫のことを少し深く知りたい人も楽しめるようになっている。また、企画展では季節に応じたものや話題の昆虫に関連した企画なども執り行っており、訪れる度に新しい発見がある。水生昆虫を観察するコーナーではゲンゴロウなど、今ではあまり見かけなくなった昆虫が観察できる他、昆虫グッズが買えるミュージアムショップも。放蝶園では一年を通じて箕面に生息する蝶から亜熱帯の種までたくさんの蝶が飛び交い、四季折々の植物も楽しめる。

ゲンゴロウ。水生昆虫が水中でどのように過ごすか観察できる

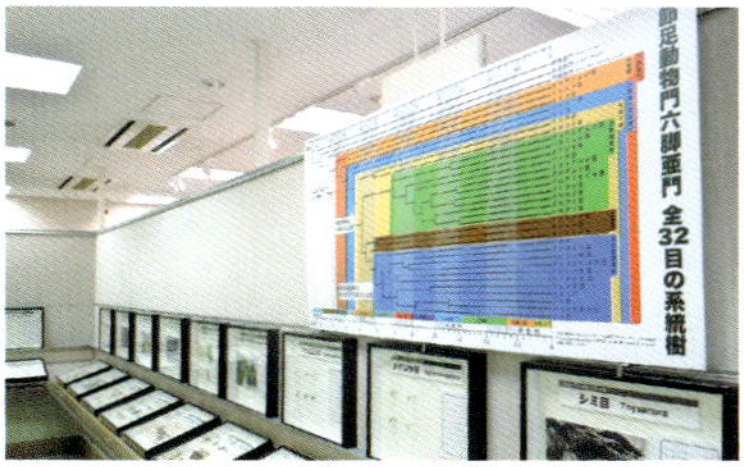

昆虫の特徴を詳しく知るために欠かせない分類方法がわかりやすくまとめられている

DATA

箕面公園昆虫館

大阪府箕面市箕面公園 1-18
TEL 072-721-7967
10:00 ～ 17:00(入館は 30 分前まで)
〈休〉 火曜日(祝日の時は翌日)
・年末年始
〈交〉 阪急電車箕面線箕面駅より
徒歩 15 分
〈料〉 高校生以上 270 円、中学生
以下無料 〈駐〉 なし 〈予約〉 不要

http://www.mino-konchu.jp/

ここが見どころ！

思わず人に話したくなると評判

農学博士の館長発案
くすっと笑える小ネタシリーズ

翅《はね》を広げた幅が、おたふくソースの容器ほどになるセミや、リコーダーと同じくらい長いナナフシ。出前授業で小学校に行った時の経験などを活かして館長が考えた企画は、子どもはもちろん大人でも思わず笑ってしまうユーモラスなもの。数字で大きさや長さを展示するよりもインパクトがあり親しみやすく、虫の特徴がよくわかる。

ワクワク!

自転車博物館 サイクルセンター

手軽で簡単に小旅行。世界が広がる自転車の魅力

収蔵台数は約200台。安全な乗り方やマナー、健康への効果なども知ることができる

意外と知らない自転車のあれこれ

日本の自転車部品メーカーは世界でトップのシェアを占め、オリンピック競技やツール・ド・フランスの自転車の部品に使用されるほど質が高い。堺では自転車部品製造が盛んで、地元メーカーの創設した財団によって「自転車博物館 サイクルセンター」は1992年に開設された。所蔵されているクラシック自転車は約120台。ドイツで生まれた世界最初の自転車のみレプリカであとは全て本物。自転車の進化の歴史を辿れる。また実際にクラシック自転車の走りを体験するために、9種類のレプリカに試乗できる広場もある。

未就学児童や障害者と付添1名は無料。また土日祝日は、小中学生無料

見学所要時間

約**60**分

生涯かけて楽しめる 健康・環境にいい趣味

センターでは大人も子どもも自転車により親しめるよう様々なセミナーやイベントを開催している。初心者のための乗り方教室はもちろん、上級者向けの自転車散歩やロードバイクセミナーなど、乗り方だけではなく楽しみ方も伝授し、チャレンジする背中を押してくれる。自転車は気軽にどこへでも出かけられ、自然や季節の移り変わりを肌で感じることができる乗り物。全身運動で健康に良く、余暇のレクリエーションにも最適。館内を見て回った後は、きっと自転車で風を切って走る心地よさを味わいたくなるだろう。

最古の自転車からオリンピック自転車まで、自転車の発展の歴史を辿る

季節の風を感じながら皆でサイクリング。人との触れ合いも生まれる

DATA

自転車博物館 サイクルセンター

大阪府堺市大仙中町 18-2
TEL 072-243-3196
10:00 ～ 16:30（入館は 30 分前まで）
〈休〉月（祝日の時は翌日）・祝翌日・年末年始
〈交〉JR 阪和線百舌鳥駅より徒歩 13 分
〈料〉一般 200 円、65 歳以上・中・高・大学生 100 円、小学生 50 円
〈駐〉あり〈予約〉不要

http://www.bikemuse.jp/

ここが見どころ！

簡単な講習の後、7 割の子どもが 1 日で乗れるようになるという

大人になっても覚えている!? 初めて自転車に乗れた日

子どもたちに向けた「自転車乗り方教室」は、自転車に乗ることで行動範囲が広がり活発になると人気。自転車に乗れない少数派の子どもたちが、そうでない子どもたちとの溝を感じることがないようにと丁寧に教えてくれる。自宅で家族と練習する際の参考に、動画でも乗り方のレクチャーを配信している。「教えるコツ」がわかり、親子の絆も深まると好評。

一つのひらめきが世界へ広がる
カップヌードルミュージアム 大阪池田

当時の研究小屋を忠実に再現

世界的発明を生んだひらめき

全世界で年間約1000億食消費されるインスタントラーメン。その発祥の地に設立された「カップヌードルミュージアム 大阪池田」では、日清食品を創業した安藤百福がいかにして世界で初めてのインスタントラーメン「チキンラーメン」を開発したのか、その研究の経緯や努力を、様々な展示を通して学べるようになっている。忠実に再現された研究小屋には特別な設備など何もなく、道具や材料はすべて身近にあるもので「アイデアがあればありふれた道具でも発明ができる」というメッセージを伝えている。

カップヌードルミュージアム 大阪池田

見学所要時間

約**90**分

見て考えて作って学ぶインスタントラーメン

カップヌードルの秘密や製造工程などを迫力ある大型の映像で学ぶカップヌードル型の体感シアターや、クイズが楽しめるマジカルテーブルなど、面白くてためになるコーナーも充実。チキンラーメンファクトリーでは、実際に小麦粉をこねてチキンラーメンを作る体験ができ非常に人気（有料・要予約・小学生以上）。誰もが一度は必ず食べたことがあるけれど、意外と知らないインスタントラーメンの秘密を楽しく学べるだろう。

1時間に4回上映。所要時間は約13分

インスタントラーメン・トンネルは「なつかしい～」の声が飛び交う人気スポット

DATA

カップヌードルミュージアム 大阪池田

大阪府池田市満寿美町8-25
TEL 072-752-3484
9:30～16:30（入館は1時間前まで）
〈休〉火曜（祝日の場合は翌日）・年末年始
〈交〉阪急宝塚線池田駅より徒歩5分
〈料〉無料（体験は有料）〈駐〉あり
〈予約〉不要（21名以上要予約）

https://www.cupnoodles-museum.jp/

ここが見どころ！

就学前の子どもでもパッケージのデザインなど楽しめると、家族連れにも好評

組み合わせは5460通り！自分だけの味を楽しめる

マイカップヌードルファクトリーでは、カップを自由にデザインし、スープと具材を選んで自分だけのカップヌードルを作ることができる（300円／1食）。所要時間は45分ほどで予約の必要はないが、休日などは待ち時間が発生することもあるほどの人気ぶり。記念に一つ、世界で一つだけのオリジナルのカップヌードルを作ってはいかが。

ワクワク!

まほうびん記念館

日用品が宇宙に行く!? 挑戦し続ける象印のまほうびん

まほうびんの技術を応用した他の生活家電なども含め常時300点ほど展示している

日本の高い技術力開発の歴史

象印マホービン株式会社設立90周年を記念して2008年にできた「まほうびん記念館」では、まほうびんが発明されてから今に至るまでの開発の歴史を展示・解説している。大阪のガラス製造者の高い技術を背景に製造されたまほうびんは、当時の価格で約40万円と高額で国内での買い手はほとんどつかなかったものの、海外へ輸出することで発展。後に世界で初めてのステンレスボトルが国内で開発され、構造上難しいとされる蓋の保温・保冷に優れたスリムで頑丈で軽いボトルの製造も成功し、日本の技術力への評価を高めた。

40Gにも耐える宇宙で使用できるまほうびん

見学所要時間
約60分

歴史に応じて変化するまほうびん

60年代になると、印刷鋼板技術の発達も手伝って、それまで木目や単色だったポットに「花柄」が流行し、日本のちゃぶ台を華やかに彩った。その後70～80年代にかけて、藤製のポットや金地をあしらった華やかなもの、和風のものなど様々なデザインが生まれ、時代ごとのデザインの変遷を辿ることができる。終戦直後に作られたと思《おぼ》しき有田焼のまほうびんは東京裁判の写真にも写っており、底に「MADE IN OCCUPIED JAPAN（連合国占領下での日本製）」との表記が。ガラスなどの材料に不自由する中、製造に励んだ跡が見て取れる。

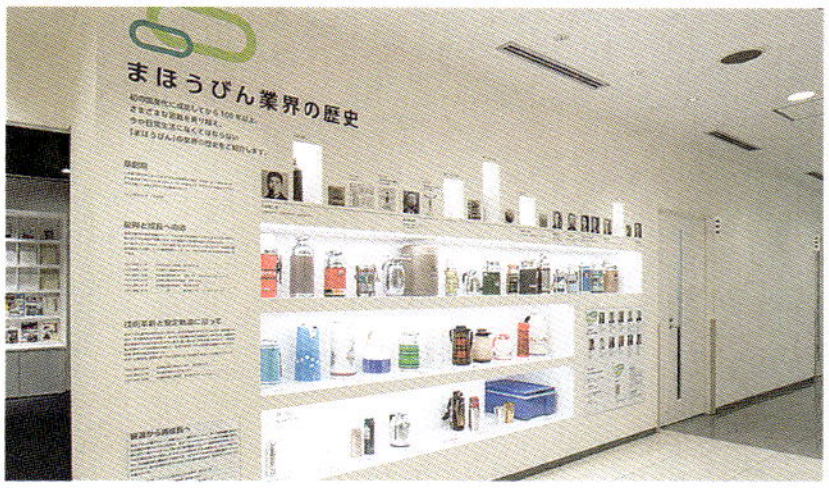

ドイツで生まれたまほうびんの国産化に成功してから100年の業界の歴史を紹介

有田焼まほうびん。底面には「MADE IN OCCUPIED JAPAN」との表記

DATA

まほうびん記念館

大阪府大阪市北区天満 1-20-5
象印マホービン株式会社 本社 1F
TEL 06-6356-2340
10：00 ～ 12：00、13：00 ～ 16：00（入館は 60 分前まで）
〈休〉 土・日・祝日・会社休日・企画展展示変更作業日
〈交〉 地下鉄谷町線・堺筋線南森町駅より徒歩 10 分 〈料〉無料 〈駐〉なし 〈予約〉必要

https://www.zojirushi.co.jp/corp/kinenkan/

ここが見どころ！

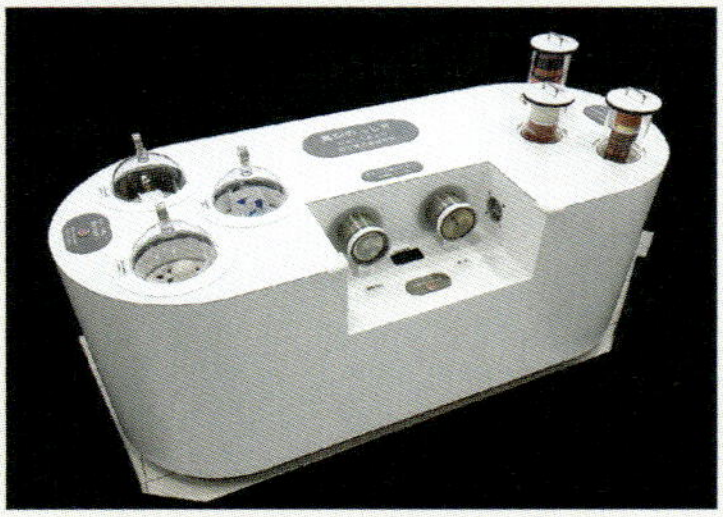
まほうびん技術の基本である“真空”の現象などを体感できるコーナーは子どもにも人気

真空の不思議　まほうびんの技術の根幹をなすものとは？

装置内部を真空にするとどういった現象が起きるのか、実験できるコーナー。空気の振動がなくなるので、音が聞こえなくなったり、空気圧がなくなってゴムボールが膨張したりと、現象をわかりやすく体感できる。真空構造を持った筒とそうでない筒で、保温・保冷機能がどれほど違うのか比べてまほうびんの仕組みを紐解くことができる。

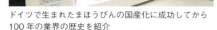

ワクワク!

受け継ぎたい日本の心　家庭の味

京の食文化ミュージアム

あじわい館

「おくどさん」と呼ばれる竈。来館者から懐かしいとの声も上がる

京都独自の食文化で
家族の絆をつなぐ

京野菜を育む気候や肥沃な土壌、清酒を生み出すきれいな湧き水、かつて都として文化が花開いたことなど様々な要因が絡み合って生まれた京の食文化。伝統的で創造的な京の食文化に親しみ、食を通じて家族の触れ合いを見直すことを目的に「京の食文化ミュージアム・あじわい館」は開設された。ユネスコ無形文化登録遺産に登録された和食（京料理）の普及啓発にも取り組み、食文化の価値を見つめなおし、世代を越えて受け継ぐべく様々な試みを行っている他、京都産農水産物の需要拡大のため、市場の大切さや食育の重要性も発信している。

京の食文化を季節ごとに展示

見学所要時間
約40分

おいしく食べて健康になる

展示されているのは、京菓子や京漬物、京野菜など京都独自の食材や伝統的な食について。仏教や公家文化が混じり合い、地方から様々な食材が流入し、水産品の加工技術が発達したため生まれた独自の食文化を学べる。また、京料理には欠かせない昆布だしやかつおだしの飲み比べもできる(なくなり次第終了)。お土産コーナーでは京都市中央市場の関連店舗で扱っている食品なども購入でき、京の味を家庭に持ち帰ることもできる。

昆布やかつおの他、月替わりでイワシ、サバなども

京都中央市場内にあり、新鮮な生絞りフルーツの試飲もできる

DATA

京の食文化ミュージアム あじわい館

京都府京都市下京区中堂寺南町 130
京都青果センタービル 3F
TEL 075-321-8680
8：30 ～ 17：00
〈休〉水曜日(祝日は開館)・年末年始
〈交〉JR 山陰本線丹波口駅より徒歩 3 分
〈料〉無料 〈駐〉あり 〈予約〉不要

http://www.kyo-ajiwaikan.com/

ここが見どころ！

リピーターも多く訪れる

これであなたもプロの味！気軽に楽しく学べる教室

京料理を作るコツを、直接料理人に習う体験教室が人気（要予約・有料)。ちょっとしたおもてなしにも使える家庭料理や魚のさばき方など初心者用のクラスから、老舗の料理屋やイタリアン・フレンチの料理人から教わる上級者用のクラスまで様々で、自分に合ったレベルの指導が受けられる。第一線で活躍するプロから教えを受けられるということで、どのクラスも人気。

ワクワク!

資料館開設のきっかけとなった「蕎原コレクション」

きしわだ自然資料館

迫力満点!! 剥製や骨格標本で自然に親しむ

郷土の自然を伝え育む

「きしわだ自然資料館」では岸和田を中心とした大阪南部の自然に関する調査・展示を行っている。水辺や平地、山林など身近な場所だけでなく、地層の成り立ちなど子供やマニアの好奇心を刺激する展示ばかり。岸和田の自然を紹介する実物標本や模型やジオラマの他、生きた魚の泳ぐ水槽のコーナーも。３階の「蕎原《そばはら》コレクション」では、ベンガルトラやシベリアトラ、ウンピョウ、オカピ、キンシコウなど、現在では入手が困難な野生動物の剥製を１００点以上展示。一部には、手でさわれるものもある。

岸和田周辺の魚やウミウシなどを生態展示

見学所要時間

約**60**分

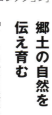

圧巻の大きさ モササウルス骨格模型

2階では岸和田市周辺からも発見された中生代白亜紀の海生爬虫類「モササウルス」の仲間を紹介し、実物化石や全身骨格模型を展示。最新の知見に基づく展示も行っている

隣にあるナウマンゾウの骨格模型展示も迫力で、来館者の視線をさらう。年に2回の特別企画展も人気で、学生や家族連れの姿も多い。収集された自然資料は学校や他の博物館、研究者にも役立てられており、自然保護や生物多様性保全を推進する活動も行う。ひとめぐりするうちにきっと岸和田周辺の自然への好奇心が高まるだろう。

モササウルスの骨格模型

化石や鉱物など販売するミュージアムショップ

DATA

きしわだ自然資料館

大阪府岸和田市堺町 6-5
TEL 072-423-8100
10:00 ～ 17:00（入館は 1 時間前まで）
〈休〉月曜及び毎月末日・祝翌日（平日のみ）・だんじり祭期間・年末年始
〈交〉南海本線岸和田駅より徒歩 15 分
〈料〉高校生以上 200 円、中学生以下無料 〈駐〉あり 〈予約〉不要

http://www.city.kishiwada.osaka.jp/site/shizenshi/

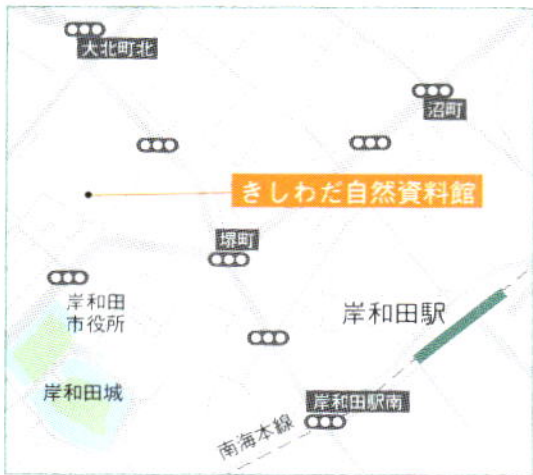

ここが見どころ！

生き物の特徴を捉える観察力が養われる

「チリモン」を探せ！子供も大人もはまる「チリメンモンスター」

全国的な人気を誇る学習プログラム「チリメンモンスター」の発祥が、実は「きしわだ自然資料館」。チリメンジャコの中から、イワシ以外の魚類やエビ、カニ、タコなどの生き物を探し出し、海の環境や生物の多様性を楽しく学ぶ。この他にも化石レプリカづくりなど、日曜・祝日には来館者の好奇心をくすぐる体験イベントも行われている。

ワクワク!

とても希少な映画フィルムや映写機のコレクション

おもちゃ映画ミュージアム

おもちゃ映画20分を随時デジタル上映している

京都の町家に息づく映画のルーツ

1920年代から1930年代を中心に、35ミリフィルムの無声映画で、ブリキ製の玩具映写機を使って一般家庭で鑑賞できる「おもちゃ映画」が普及した。トーキー映画（音声と映像が同期した映画）が主流になると同時に廃れ、オリジナルは今ではほとんど残っていないが、ハイライト部分などわずかに切り取られて残った貴重なフィルムを集め、展示しているのが「おもちゃ映画ミュージアム」だ。映画史の上でも非常に貴重な資料であるため、海外からわざわざ訪れる研究者も多い。

京都の友禅染の工房を改装した趣ある建物

見学所要時間

約**40**分

貴重なフィルムの発掘、修復、継承

展示物には実際に触ることもできる

保存されているおもちゃ映画は約900本で、デジタル化したものは館内で自由に見ることができる。時代劇やアニメ、ニュース映像などいずれも30秒から3分程度の短いものだが、当時の歴史を知る上でも大事な手掛かりとなる。大河内傳次郎や「冒険ダン吉」などの人気のお宝映像も蘇る。当時の映写機や、それより以前の動画装置やアニメーションの玩具もあり、残像現象によって静止画が動いて見える映画の原理がよくわかる。現代の映画・アニメのルーツに触れられる博物館だ。

企画展示や映画関連資料・文献なども

DATA

おもちゃ映画ミュージアム

京都府京都市中京区壬生馬場町 29-1
TEL 075-803-0033
10：30 ～ 17：00
〈休〉 月・火曜日
〈交〉 JR・地下鉄東西線二条駅より徒歩 8 分
〈料〉高校生以上 500 円、中学生 300 円、小学生無料 〈駐〉 なし 〈予約〉 不要

http://toyfilm-museum.jp/

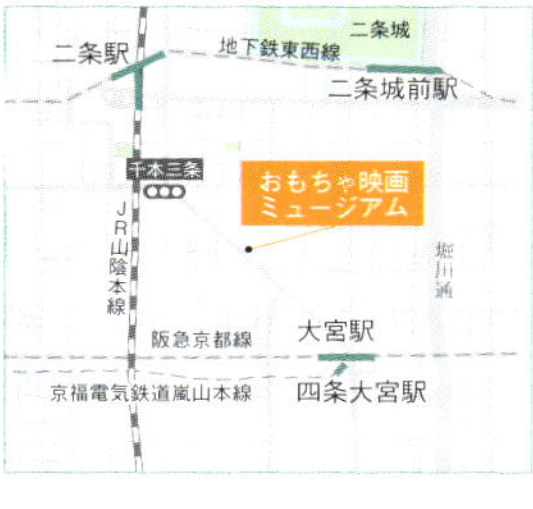

ここが見どころ！

英国ピングと呼ばれる30㎜の家庭用映写機。戦時中に作られた

映像の不思議を体験する展示 19 世紀に 3D 画像 !?

ミュージアムにはフィルムだけでなく様々なタイプの映写機や、特殊な写真、スコープの展示がある。立体映像を楽しめるステレオ・ビュワーや、ハンドルを回して鏡に動画が写るプラキシノスコープなど映像の仕組みが実感できる。ダゲレオタイプと呼ばれる写真は、紙ではなく銀板に映像を映したもので、美術品としても見応えがある。

ワクワク!

あの頃のどきどきワクワクが蘇る
たてくんミュージアム！

見学所要時間
約**40**分

アニメの歌が随時流れる展示室

町家の外観も人気の一つ

海外からの観光客もよく訪れる

誰もが童心に返れる空間

館長の楯秀樹さんが20年ほど前から収集したフィギュア約3000体を展示。「仮面ライダー」、「ウルトラマン」など世の男性が一度は子ども心に憧れたヒーローから、「けいおん」「進撃の巨人」などアニメ化も手伝って近年人気を博したもの、テレビ黎明期に放映された「魔法使いサリー」や「鉄腕アトム」のように年配の方も楽しめるものなど、幅広いジャンルのフィギュアがずらりと並ぶ。

DATA

たてくんミュージアム！

京都府京都市上京区今出川通
小川西入飛鳥井町 273
TEL 075-414-6143
10:00 ～ 20:00（入館は 1 時間前まで）
〈休〉不定休
〈交〉地下鉄烏丸線今出川駅より
徒歩 7 分
〈料〉大人 600 円、小人 300 円
〈駐〉なし〈予約〉不要

http://tatekunmuseum.com

ここが見どころ！

プ～ちゃんと記念撮影。ハイポーズ

HP でも人気のプ～ちゃん

マスコットキャラクターのプ～ちゃんは館長の楯さんが考えたミュージアムのオリジナルキャラクター。HP の連載漫画にも登場する皆に愛されるキャラクターが、館内入ってすぐにお出迎え。

古き良き昭和の空気に浸る
小さな駄菓子屋さん博物館

見学所要時間
約**20**分

ご住職の川口良仁さんが収集した、600を超えるおもちゃ

「平野の町ぐるみ博物館」の一環として作られた。全部で15館あるうちの一つ

戦後の物がない時代に、皆で一緒に遊んだ思い出が蘇る

子供にとって新鮮で大人にとって懐かしい

全興寺《せんこうじ》の境内にある「小さな駄菓子屋さん博物館」では、昭和20～30年代の駄菓子屋に並んでいたおもちゃを展示。まだプラスチックがない時代に、木や紙、ブリキ、針金、ガラスなどで作られたレトロで懐かしいおもちゃが所狭しと並ぶ。冷蔵庫や洗濯機などの昔の電化製品や平野の歴史資料なども見ることができ、ノスタルジックな時間が味わえる。

DATA

小さな駄菓子屋さん博物館

大阪府大阪市平野区平野本町4-12-21
TEL 06-6791-2680
9：00 ～ 17：00
〈休〉 月～金（土・日・祝は開館）
〈交〉 地下鉄谷町線平野駅より徒歩13分
〈料〉 無料 〈駐〉 あり 〈予約〉 不要

http://www.senkouji.net/museum/museum.html

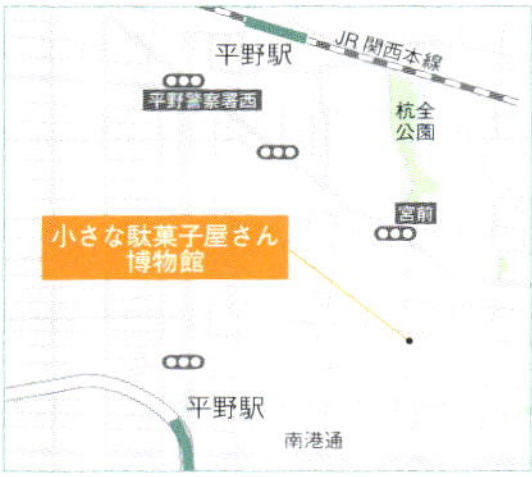

ここが見どころ!

昭和の空気が流れる一画

自分が育った風景を丹精込めて制作

展示されている「昭和の暮らしレトロジオラマ」は近所に住む主婦の手作り。また、毎週土日には駄菓子を販売し、ベーゴマなどの昭和の遊びが体験出来る。

ワクワク!

小さくても、大きなフィルムアーカイブ
神戸映画資料館

町田オススメ!

ロビーに展示されている戦前・戦後の映写機

35mmフィルムで昔の貴重な映画を上映してくれます。

膨大な映画資料を収蔵する

収蔵されているのは、膨大な数の映画フィルム、映画関連書籍、ポスターなど。１９７４年に誕生した映画ファンのグループが長年収集してきた資料が母体となっている。これらの資料は、現館長の安井喜雄さんが保管・整理作業を進めてきたが、スペース的にも個人の管理では限界があるため、２００７年にこの地に「神戸映画資料館」として開設することとなった。

膨大な資料。スタッフは調査や保存作業に奮闘する

見学所要時間

約**20**分

せっかく行くなら上映会がオススメ

収蔵するフィルムはジャンル、地域、時代を問わず、16000本以上。国内にある民営機関としては最大規模のフィルムアーカイブだ。日本映画で古いものだと1900年に撮影されたものも。アニメーション草分けの時代の、貴重な漫画映画もある。これらのフィルムを管理するだけでなく、複製して国立の映画アーカイブに提供するなどの取り組みも行っている。

1900年撮影の映画。東京・両国での大相撲

併設のシアターは38席とこぢんまりしているが、35㎜フィルム映写機を設置する本格的な映画館。週末を中心に貴重な上映会や講演会を行っているので、ウェブサイトを確認して訪れてみよう。

全国から映画ファンが訪れる

DATA

神戸映画資料館

兵庫県神戸市長田区腕塚町5-5-1
アスタくにづか1番館北棟2F 201
TEL 078-754-8039
10:30～18:00（入館は30分前まで）
〈休〉水・木曜日
〈交〉JR山陽本線・地下鉄西神山手線新長田より徒歩5分
〈料〉無料（上映館別料金）
〈駐〉なし〈予約〉不要

http://kobe-eiga.net/

ここが見どころ！

戦前からモダンな街だった神戸

これは貴重！ 昔の神戸のホームムービーを見てみよう

同館の長年の取り組みは、忘れ去られたフィルムや幻の映画を多数発掘することにつながってきた。ロビーでは1930年代の神戸を写したホームムービーを常時上映している。海水浴で戯れる人々、街を闊歩するモボ・モガたち。他人の家の、しかも昔のホームムービーを見られる機会はそう無いだろう。こちらを訪れたら逃さずチェックしよう。

ワクワク!

超希少な幻の車にも出会える 購入できるミュージアム
ジーライオン ミュージアム

1923年に建てられた赤レンガ倉庫。ジャズなどの音楽イベントが開催されることも

赤いレンガに映える クラシックカー

大阪市港区にある赤レンガ倉庫にひとたび足を踏み入れると、レトロな雰囲気が漂いまるで異国のよう。常時展示されているのは、国内はもちろん世界各国から集めたクラシックカー約１２０台。動態確認をしており、全て生きた車が展示されている。こちらのクラシックカーは展示だけでなく販売も行われているのが最大の特徴で、購入できる博物館としては日本最大級の規模。夜8時まで開館しているので、暗がりの中、昼間とはがらりと表情を変えた赤レンガ倉庫とクラシックカーも楽しめる。

1850年製の馬車。フランスの城で実際に使われていたもの

見学所要時間

約**40**分

マニアでなくとも楽しめる空間

ジーライオンミュージアムは、十数社もの自動車正規ディーラー事業を軸に、海外展開をはじめあらゆる事業にもフィールドを広げるジーライオングループの運営。赤レンガ倉庫は約100年の歴史を持ち大阪が誇る近代化遺産でもあり、往年のクラシックカーファンのみならず、撮影スポットとして若い人にも人気が高い。併設のカフェやステーキハウスレストランはいつもにぎわっており、恋人の聖地にも認定されている。クラシックカーマニアではなくとも一度は訪れてみたい。

日本語と英語の音声ガイドも楽しめる

図鑑に出てくるような、アメリカ・欧州・日本の名車など約120台を展示している

DATA

ジーライオン ミュージアム

大阪府大阪市港区海岸通 2-6-39
TEL 06-6573-3006
11:00 ～ 20:00〈土日祝 10:00 ～〉
（入館は 30 分前まで）
〈休〉 月曜日（祝日の時は翌日）
〈交〉 地下鉄中央線大阪港駅より徒歩 5 分
〈料〉 大人 800 円、小学生 500 円、小学生未満無料 〈駐〉 あり（土日祝 1,000 円） 〈予約〉 不要

http://glion-museum.jp

ここが見どころ！

幻と呼ばれるトヨタ 2000GT の中でも特別希少なオートマ車

ジェームズ・ボンドも乗った車種 トヨタ 2000GT

日本高度経済成長を背景に製造されたトヨタ 2000GT は、幻の日本車と呼ばれている。日本を舞台にした映画『007 は二度死ぬ You Only Live Twice』の劇中で日本初のボンドカーとして使用され、世界に認められた日本車となった。生産台数はたったの337台。美しいスタイリングとパフォーマンスはクラシックカーマニア垂涎の的。

ワクワク!

マッチ箱に描かれた町の記憶、時代の空気

たるみ燐寸《マッチ》博物館

「あ！ 懐かしい」から「何これ!?」まで、ワクワクの空間

地域の記憶を小さな箱にとどめる

2015年にオープンした小さな博物館。昭和初期から現在に至るまでの日本のマッチ箱約2万点を所蔵している。そのうち常時展示しているのは600点ほど。古くは明治・大正のものから昭和のバブル時代の頃まで、レトロや懐かしさに溢れるデザインのマッチ箱の数々。コレクションの多くが小野隆弘館長が少年時代から集めたものだが、開館後は寄贈も増えている。

「皆さん『捨てるに忍びない』と。マッチ箱に描かれるデザインには地域性があり、特に広告には、今はもう無い店や地名が記載されています。町の記憶を残しておきたい」と小野さんは話す。

小さなキャンバスに描かれたアートとも言える

見学所要時間

約**60**分

レトロが今はかわいい、そして新しい

来館者はコレクターから、ふらりと立ち寄った人まで様々。デザインの勉強をしている若い人もチラホラおり、レトロなデザインがむしろ「かわいい」「新しい」と感じるとか。

かつては喫茶店独自のマッチも多く、喫煙者も多かった。今、喫茶店はチェーン店ばかり。「マッチを擦る機会も減り、マッチ箱が新しく作られることもほとんどなくなりました。時代を反映した庶民文化の一つとして、保存していきたい」と小野さん。展示されているマッチ箱一つ一つを見ていると、時間が経つのを忘れてしまう。

手前のワゴンに入ったマッチは、実際に手にとることもできる

コレクターにはたまらない、貴重なものも

DATA

たるみ燐寸博物館

兵庫県神戸市垂水区宮本町 1-25
ビル・シーサイド西 201
レッドアリゲーター内
TEL 078-705-0883
13：00 ～ 19：00
〈休〉不定休
〈交〉JR 山陽本線垂水駅・山陽電鉄本線山陽垂水駅より徒歩２分
〈料〉300 円〈駐〉なし〈予約〉必要

http://www.in-red.net/

ここが見どころ！

ティッシュケース型、やっこさん型、本の形、やたらと長い形など様々

マッチ箱は四角と誰が決めた !?
自由すぎる形のマッチ箱

見たことのあるデザインのマッチ箱に再会する喜びもある一方、初めて見るような珍しいマッチ箱に出会えるのもこちらの醍醐味。ぜひ見てほしいのは、ユニークな形をしたマッチ箱の数々だ。丸い箱のもの、本の形をしたもの、羽子板の形をしたものまである。遊び心溢れるマッチ箱、コレクターでなくてもその世界に引き込まれること間違いない。

ワクワク!

絵葉書資料館

世界の近代美術を肩ひじ張らずに楽しめる

絵本に出てくるかわいらしい家のような資料館

多種多様で優美な世界の絵葉書

明治から昭和初期の絵葉書を、日本のみならず世界中から集めた美術館。こぢんまりとした館内には約１０００点もの展示があり、中には一時間以上かけてゆっくり見て回る人も。人気の芸者のブロマイドや、アール・ヌーヴォー、アール・デコの影響を感じさせるものなど、当時の文化や風俗、アートの流行が反映されており興味深い。明治時代に大流行した滑稽新聞も展示されており、ユーモラスで風刺のきいた発想豊かな絵柄が人気。アジアやヨーロッパから訪れる人も多い。

奇抜なアイデアに富んだユニークなもの、大正ロマンを感じさせるものなど眺めているだけで楽しめる

見学所要時間

約**10**分

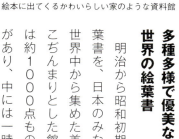

世界でも稀なデザイン プラスチック時計

日本のプラスチック時計など美しいデザインの時計を展示する「神戸時計デザイン博物館」も同じ敷地内に開設予定（時期未定）。昭和の高度経済成長からなる大量生産大量消費の社会を背景に、工業デザインが主流となった中、世界にも類を見ない日本独特のモダンで美しいプラスチック時計が製作された。他にも変わった素材で作られた時計やからくり時計など、館長が長年かけて集めたデザインが美しく珍しいものが展示される予定で、今はHP上でしか見られないが開設の暁にはぜひとも実物を見てみたい。

明治時代の絵葉書。猫のデザインは今も昔も変わらず人気

精工舎のプラスチック時計。優美でモダンな独自のデザインは海外でも評価が高い

DATA

絵葉書資料館

兵庫県神戸市垂水区歌敷山 1-7-20
TEL 078-705-1512
11：00 ～ 17：30
〈休〉月・火・水・日
〈交〉山陽電鉄霞ケ丘駅より徒歩７分
〈料〉高校生以上 300 円、
小・中学生 200 円
〈駐〉あり〈予約〉不要

http://www.ehagaki.org

ここが見どころ！

実際に灯りを付けたり消したりして、絵柄の変化を楽しめる

灯りに透かすと現れる 思いもよらない別世界

館内で一番の人気が「透かし絵葉書」のコーナー。薄い紙を３～４枚重ねて作られており、真ん中に別の絵柄を入れているので灯りに翳《かざ》すと違った絵が浮かび上がる。動物の影が浮世絵の美人画になったり、同じ場所の風景が昼と夜、夏と冬になったり、見れば思わず驚きの声が出ること間違いなし。現在ほど夜が明るくなかった時代、ランプの灯りを使って行った優雅な遊びを体感してほしい。

ワクワク!

月桂冠大倉記念館

伏見の街並みを代表する日本酒造りの文化と歴史

見学所要時間
約**40**分

四季折々の美しい自然が楽しめる。
裏の濠川からの酒蔵の眺め

白壁に杉の焼き板と風情ある造り

手間暇かけて作られる酒造の文化

月桂冠大倉記念館では、京都市有形民俗文化財である昔の酒造用具類と共に月桂冠創業からの歴史を展示。館内には作業に合わせて唄い継がれてきた「酒造り唄」が流れ、京都伏見の酒文化を感じる資料館だ。およそ6100点の用具類の中から代表的な400点を常時展示。建物は明治42年（1909）建造の昔ながらの酒蔵を活用し、米《べぃ》松《まっ》の梁による組み天井など風情漂う造りをしている。

工程ごとに展示された酒造用具。
職人の手技が偲ばれる

DATA

月桂冠大倉記念館

京都府京都市伏見区南浜町 247
TEL 075-623-2056
9：30～16：30（入館は15分前まで）
〈休〉夏季・年末年始
〈交〉京阪本線中書島駅から徒歩 5 分
〈料〉大人 400 円、中・高生 100 円
〈駐〉あり〈予約〉不要

http://www.gekkeikan.co.jp/enjoy/museum/

ここが見どころ！

但馬流杜氏の昔ながらの酒造り

しぼりたてのお酒は売店で販売

月桂冠創業 360 年を記念して 1997 年に設置された「酒香房」。事前に予約をすれば、もろみが実際に発酵する様子をガラス越しに見学でき、時期によっては蒸米や仕込みなども見ることができる。

感動する！博物館

先人たちの熱き思いに触れる博物館・資料館。静かな感動が広がります。それはまるで、一つの映画を見るようなモノ語り。家族や友人と、ぜひご一緒に。

大阪の庶民の暮らしを振り返る
大阪くらしの今昔館

町田オススメ！

江戸から昭和までの大阪庶民の暮らしがまるごと分かる！銭湯ファンにとっても外せない場所。

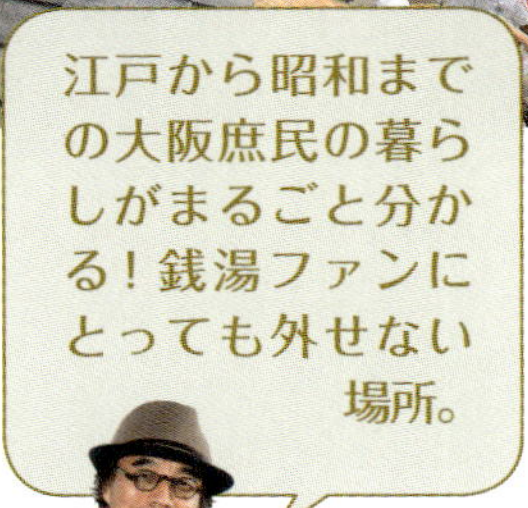

まずは10階から、9階の瓦屋根を見下ろしてみよう

昔の大阪へ タイムスリップ

「住まいの歴史と文化」をテーマにした日本初の博物館。地下鉄の駅直結のビルの中にあり、9階では「なにわ町家の歳時記」をテーマに江戸時代の住まいや暮らしを、8階「モダン大阪パノラマ遊覧」では明治・大正・昭和の近代大阪を紹介。歴史が好きな人も、昭和の暮らしを懐かしむ人・新鮮に感じる人も、日本の文化に触れたい外国人も、世代や国籍を問わず楽しめる。

大人気の着物レンタルは破格の500円（30分）

見学所要時間

約60分

伝統的な工法で町並みを再現

9階は、こちらの博物館の一番の人気ゾーン。そこはもう江戸時代。実寸大で天保初期（1830年代前半）の大阪の町並みが再現されている。テーマパークや時代劇のセットにも似たような空間を見るが、こちらの博物館のスゴイところは、釘を使わないなどの伝統工法をきっちり守って造っているところだ。専門の研究者による学術的考証のもと、桂離宮を修理した工務店が建築。仕上げは映画の美術監督に「エイジング」（わざと古びた仕上を施すこと）を依頼したという。館内では着物レンタルもしているので、装いもタイムスリップして町並みを散策してみよう。

江戸時代の風呂屋の入口

昭和初期の大阪の町並み模型

親や祖父母の時代を振り返る

風呂屋では、江戸時代の暮らしを映画で学べる「風呂屋シアター」を1日9回上映（上映時間20分）。映画を見終わったら、暖簾をかきあげて湯上り気分。次は近現代へ行ってみよう。8階は明治から昭和にかけての町並みや住宅の、精巧な模型の展示が中心。特に注目したいのが、大阪が人口でも経済力でも日本一の都市となった大正時代。「大大《だい》阪時代」と言われ、都市住民のための近代的な住宅が造られた。

「住み替え物語」と名付けられた模型も面白い。ある主人公とその家族をモデルに、昭和初期から戦争の時代、そして高度経済成長と、時代が変わるごとに住まいの形が移りゆく様を住宅模型や人形で見ることができる。敗戦直後、使っていなかった木炭バスを市営住宅として利用していた時期もあるというから驚きだ。その後、一家はあこがれの団地へ、という物語。

戦後の混乱期、貧しくても子どもたちは元気いっぱい

また来たい！と きっと思えるはず

8階では冷蔵庫、掃除機、テレビなど懐かしの家電製品を実物展示。シニア世代は目を細め、子どもたちは興味津々。通天閣とその足元に広がる遊園地の模型は、イルミネーションの変化が美しく、時を忘れて見入ってしまうだろう。「おっと、もうこんな時間！」と

懐かしの家電。写真手前は昭和 21 年製の電気コタツ

時計を見ても、慌てることはない。エレベーターを降りたらすぐそこは地下鉄の駅。今日は時間が足りなくて見られなかったコーナーがあっても、また来ようときっと思えるはずだ。

館内では落語会やお茶会、狂言や文楽の上演、ものづくりのワークショップなどの催しも開催しているので、スケジュールをチェックしてそちらにも訪れてみたい。

古き良き大正時代の通天閣

DATA

大阪くらしの今昔館

大阪府大阪市北区天神橋 6-4-20
TEL 06-6242-1170
10:00 ～ 17:00（入館は 30 分前まで）
〈休〉火曜日・年末年始
〈交〉地下鉄谷町線・堺筋線天神橋筋六丁目駅直結
〈料〉一般 600 円、高大生 300 円、中学生以下無料〈駐〉なし〈予約〉不要

http://konjyakukan.com/

ここが見どころ！

「あ、お銚子見つけた！」戸棚を開けるのも自由

見て、入って、触って。 体験・体感できるのが嬉しい

江戸時代のゾーンでは町並みの景観をただ「見る」だけではなく、商家や町家の中に入って座敷に上がり、商品や暮らしの道具に触ることができる（一部 NG のところもあり）。もちろん、ほとんどの場所で撮影も OK なので、あちこちでシャッター音が聞こえてくる。庶民の暮らしの博物館は、現代の庶民にもやさしいのだ。

感動する！

激動の幕末を伝える
幕末維新ミュージアム
霊山《りょうぜん》歴史館

美しい緑に囲まれた建物

緑に包まれた幕末の歴史館

京都東山、清水寺や高台寺の近くにある京都霊山護国神社。東山三十六峰の一つ・霊山のふもと、緑の美しい景観に囲まれたこの地に幕末の志士が合祀されている。その数およそ3100柱。坂本龍馬や中岡慎太郎、木戸孝允をはじめ、いずれも日本の未来のために激動の幕末を駆け抜けた人々だ。その京都霊山護国神社の向かいに立つ「霊山歴史館」は、幕末・明治維新期の歴史を総合的に学ぶ専門博物館で、1970年に開館した。坂本龍馬や西郷隆盛など倒幕派志士の遺品のみならず、新選組や徳川慶喜など幕府側の資料も数多く展示されている。

1階エントランス

見学所要時間

約**60**分

実際に使われた刀や鎖帷子も

志士や大名、天皇や公家、文人、画家など当時活躍した様々な人物の遺品や書状、各種資料が紹介され、幕末維新史を倒幕・佐幕双方の視点から見ることができる。5000点を越える資料の中から選りすぐった約100点が公開されており、それぞれ激動の時代を今に伝える大変貴重なもの。

テーマごとに選りすぐった資料

土方歳三愛刀「大和守源秀國」

1階ホールの右手には新選組・土方歳三や近藤勇の愛用の刀と共に、近江屋事件で「坂本龍馬を斬った刀」とされる京都見廻組・桂早之助の刀が展示され、訪れる人の注目を集めている。歴史マニアはもちろん、歴女や刀剣女子など近年は若い女性の姿も多い。京都見廻組頭佐々木只三郎が着用していたとされる鎖帷子《かたびら》には、べったりと血の痕がついており、激闘の様子が伺える。

坂本龍馬にまつわる数々のエピソード

幕末の志士の中でも特に人気の坂本龍馬。「近江屋事件」で暗殺された日には風邪をひいており、真綿の胴着を着込んでいたそうだ。しかしその上から滅多斬りにされ、遺体には斬り傷が34か所もあったことがわかっている。いかに当時から重要人物と目されていたのかが伝わってくるエピソードだ。霊山歴史館にある坂本龍馬の写真は、昭憲皇太后（明治天皇の皇后）に献上されたもの。日露開戦前夜の明治37年（1904）2月6日に龍馬を名乗る男が皇太后の夢枕に立ち「誓って皇国の御為に帝国海軍を護り奉る」と奏上し、日本海軍の勝利を誓ったという。この話を聞いた者が写真を献上すると、皇太后は「夢に現れたのはこの男に間違いない」と驚かれたそうだ。

龍馬肖像写真

倒幕・佐幕問わず揃う貴重な資料

龍馬が土佐藩の本山只一郎に宛てた手紙も残っている。龍馬は薩長が武力倒幕で一致したことに言及し、土佐藩はどうするのか選択を迫るのと同時に運んできた銃1000丁を土佐藩が買うのかどうか決断を促している。龍馬と同じくらい人気の新選組の資料もある。写真は新選組隊士が袖に付けて隊士である証とした袖章。身分の証明や同士討ちをさけるために使われたとされる。型抜きで染められた「誠」の一字はやはりかっこいい。様々な資料を見て回った後は、体感コーナーで新選組の木刀（複製）や本物の鉄砲、大砲の弾に触ることができる。

尊皇派の史料も揃う

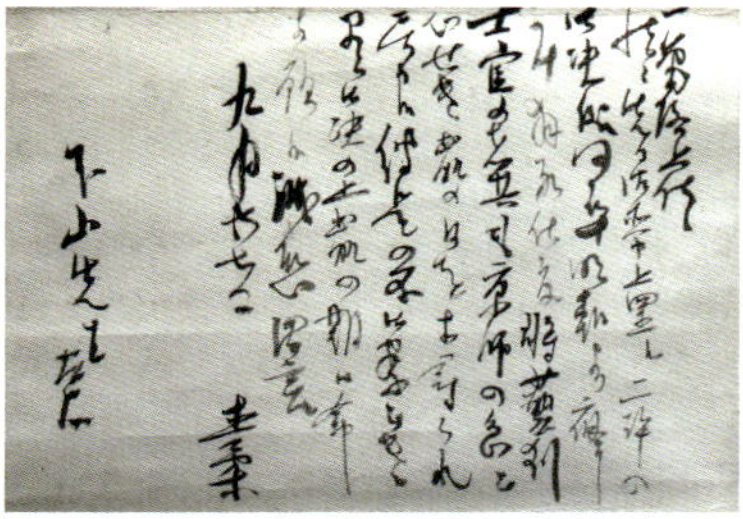

龍馬から土佐藩本山只一郎に宛てた手紙

DATA

幕末維新ミュージアム 霊山歴史館

京都府京都市東山区清閑寺霊山町 1
TEL 075-531-3773
10:00 ～ 17:30（入館は 30 分前まで）
〈休〉 月曜日（祝日の場合は翌日）
〈交〉 市バス東山安井または清水道より徒歩 7 分
〈料〉 大人 700 円、高校生 400 円、小中学生 300 円 〈駐〉 あり 〈予約〉 不要

http://www.ryozen-museum.or.jp

ここが見どころ！

史実を基に作った精密な再現模型

龍馬暗殺の一夜をリアルに再現

様々な歴史小説の題材にもなっているかの有名な「近江屋事件」。実行犯については諸説あるものの近年研究が進み、幕府の京都見廻組によるという説が一般的だ。2階で襲われて刀で受け止めているのが坂本龍馬。風邪を引いていたため真綿の胴着を着込んでおり、羽織が少し着崩れている。隣でとっさに短刀を構えているのが中岡慎太郎。

※展示資料は展覧会ごとに替わる可能性あり

感動する！

「聖フランシスコ・ザビエル像」発見の里
茨木市立キリシタン遺物史料館

「あけずの櫃」と呼ばれる木製の箱に眠っていた遺物が数多く並ぶ

自然豊かな山郷に眠るキリシタン遺物

「隠れキリシタンの里」として有名な千提寺地区に建つ、平屋建ての小さい民家風の建物。ここには、キリシタン遺物と呼ばれる歴史を感じさせる貴重な品が展示されている。かつてこの地方はキリシタン大名で知られる高山右近の領地であり、幕府が信仰を禁じた後も信者たちの手で隠し守られた遺物が、大正時代に入って発見され世界の注目を集めた。教科書でもおなじみの「聖フランシスコ・ザビエル像」は同地区の民家「あけずの櫃《ひつ》」から発見された。「キリシタン遺物史料館」では、遺物などの展示を通して茨木のキリシタンの歴史を学ぶことができる。

ハイキングコースに組み込まれるほど豊かな自然に囲まれている

見学所要時間

約15分

隠し秘められていた信仰の情熱

キリシタン遺物発見の契機になった「上野マリヤ」墓碑は、大正時代に「寺山」と呼ばれる山林で発見された。その発見者である郷土史家・藤波大超のインタビューなど、隠れキリシタンの歴史を紐解くDVDも見ることができる。展示品のほとんどは禁教期の17世紀前半ごろのキリシタン遺物。竹紙に描かれた「マリア十五玄義図」や胡粉《ごふん》を塗って彩色された「木製キリスト磔刑像」など、どれも珍しく貴重なものばかりだ。奥深い山里で厳しい弾圧を逃れた歴史に思いを馳せる一日はいかが。

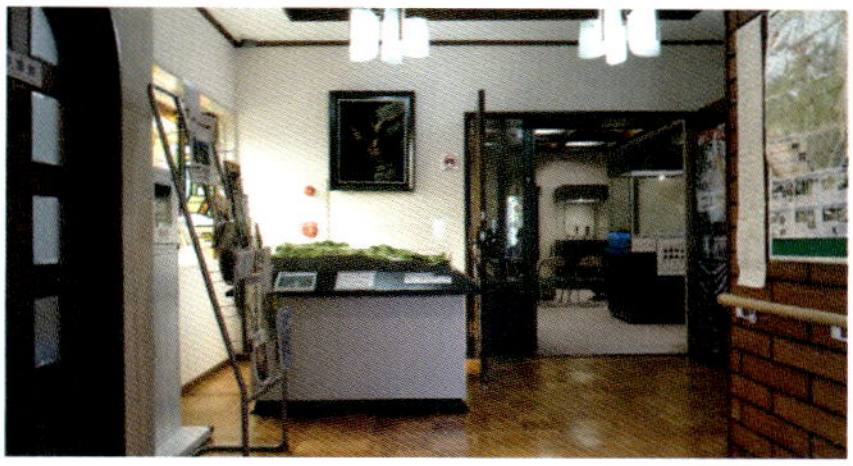

1987年オープンの史料館。キリスト教徒でなくとも歴史ロマンを感じる

「上野マリヤ」墓碑など。二支十字と呼ばれる特殊な十字が刻まれている

DATA

茨木市立
キリシタン遺物史料館

大阪府茨木市大字千提寺262
TEL 072-649-3443
9:30～17:00
〈休〉火曜日・祝翌日・年末年始
〈交〉阪急バス千提寺口より徒歩15分
〈料〉無料〈駐〉あり〈予約〉不要

http://www.city.ibaraki.osaka.jp

ここが見どころ！

メダイ復元品及び複製品

信仰のよりどころとなった美しい遺物

「福者フランシスコ・ザビエル」や「教皇クレメンス8世像」、「教皇グレゴリオ14世像」などのメダイ。16世紀にプロテスタントが生まれそれまでのカトリックと対立する中で、多くのキリシタン遺物が失われてしまった。そのため欧州に残された遺物はあまりなく、むしろイエズス会等が布教したアジアなどに残っていることが、たいへん珍しく奇跡と言える。

感動する！

神戸華僑の生き方に迫る

神戸華僑歴史博物館

華僑が実際に使っていた日用品から書面まで様々な物を展示

海を超えてやってきた華僑の想いと歴史

「神戸華僑歴史博物館」は、神戸の華僑が自ら運営にあたるという、日本で唯一の博物館。初めて中国人が神戸に移り住んだのは、神戸が開港した1868年。それから現代にいたるまで、辛亥革命や第二次世界大戦など乗り越えて発展してきた華僑の社会の歴史の変遷を学ぶ。また、中国人と日本人の交流の足跡をたどることができる。展示されているのは創立者の陳徳仁さんをはじめ、多くの神戸華僑や研究者、市民が収集作成したもので、美術品から生活用具まで貴重な文物が揃う。

横浜の華僑からの贈り物

見学所要時間

約30分

当時の仕事や生活を学ぶ

中国人は最初、神戸の開港の際に欧米人の使用人としてやってきた。主に料理、散髪、洋服の仕立てと、刃物を使う仕事をする者が目立ったことから華僑の仕事を「3本の刃物」と呼びならわすことがある。そういった当時の仕事ぶりを示す歴史的な資料や、主に貿易の仕事に従事していた華僑が、漢文を使って日本人と交流したことを示す友好の証の掛け軸など展示。書画骨董や写真、パネルを通してその精神や生きざまに触れ、歴史の大きなうねりの中で生きた人々の暮らしを知る。

創立者・陳徳仁さんの言葉

一般市民からの寄贈も多い

DATA

神戸華僑歴史博物館

兵庫県神戸市中央区海岸通 3-1-1
KCC ビル 2F
TEL 078-331-3855
10:00 ～ 17:00（入館は 30 分前まで）
〈休〉日～火・祝・年末年始
〈交〉JR 神戸線・阪神電車元町駅より徒歩 7 分
〈料〉大人 300 円（団体・シニア・学生など割引あり）〈駐〉なし〈予約〉不要

http://www.kochm.org

ここが見どころ！

横浜は「中華街」と名を変えるも、神戸は「南京町」の名を残す

活気あふれる観光スポット「南京町」の成り立ちを学ぶ

「南京町」の名前の由来は、江戸時代、南京は中国（清）を象徴する言葉として使われてきたことから、中国人のことを「南京さん」と呼んでいたこと。そこから中国人が多く住む地域を南京町と呼んだ。門に書かれた「敦睦《とんごく》」は仲睦まじく、友好的な様子を表す言葉。日中友好のために尽力するという思いが伺える。

感動する！

除痘《じょとう》館記念資料室

天然痘撲滅に向けた医師の闘いの軌跡

文献を中心とする展示。中央はジェンナーの銅像。静かな時が流れる

緒方洪庵の偉大な功績

かつて天然痘は不治の伝染病として、世界中で恐れられていた。現在は地上から根絶されているが、これは18世紀、イギリスの医学者・ジェンナーが予防のために種痘《しゅとう》法（天然痘の予防接種）を開発した功績による。牛の天然痘である牛痘ウイルスを人間に接種することにより、免疫ができて天然痘にかからなくなるのだ。日本では幕末期にこの予防法が海外から入ってきたが、当初は多くの人が「牛痘を接種すると牛になる」というデマを信じ、恐れたという。医師の緒方洪庵はこの地に「除痘館」を作り、人々に種痘を行い、普及に努めた人物だ。

ビルの入口にはこの地に除痘館があったことを示す石碑が

見学所要時間

約**20**分

資料室の後は、隣の適塾も見学しよう

資料室は除痘館の跡に建つビルの一室にある。緒方洪庵は大阪を拠点とし、町奉行とも良好な関係にあったため、除痘館を開設することができた。大阪は元々、進取の気性に溢れた土地柄であったことも幸いする。一方、当時の江戸では漢方医が力を持っていたため、種痘の普及は遅かった。

資料室では文献や絵画を中心に展示している。また、すぐ近くには緒方洪庵が開いた蘭学塾「適塾」の建物が残されている（大阪大学適塾記念センター）。こちらは国史跡・重要文化財。資料室訪問の前後に、ぜひ訪れてみよう。

適塾の前に建つ緒方洪庵の像

福沢諭吉ら幕末・明治の重要人物を輩出した適塾

DATA

除痘館記念資料室

大阪府大阪市中央区今橋 3-2-17
TEL 06-6231-3257
10：00 ～ 16：00（土曜～ 13：00）
〈休〉 日・祝日
〈交〉 地下鉄御堂筋線淀屋橋駅より徒歩３分
〈料〉 無料 〈駐〉 なし 〈予約〉 不要

http://www.klinik-ogata.or.jp/ogata_building/

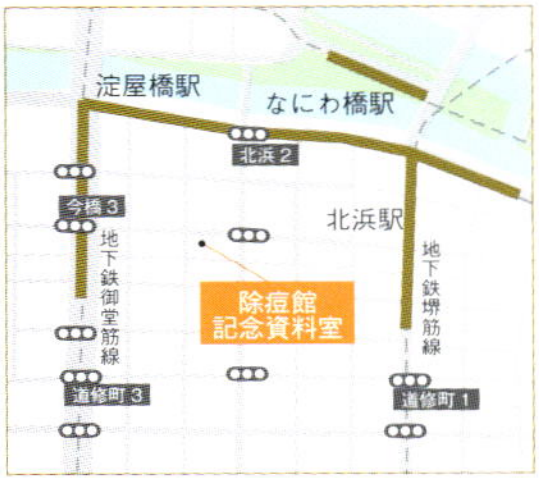

ここが見どころ！

巻物状に長くしたためられている

自筆の書に触れ、先人の労苦をしのぶ

除痘館は 1849 年に開設され、1860 年にこの地に移転した。この時、緒方洪庵が開設以来 11 年の歩みを書き記したものが「除痘館記録」だ（緒方洪庵筆）。初めはなかなか人々の理解が得られず、ようやく２年前に幕府公認となった除痘館。洪庵は万感の思いをこめて筆をしたためたことであろう。先人の労苦の上に今の私たちがあることを改めて気づかさせてくれる。

立命館大学国際平和ミュージアム

戦争を知り、平和を考える

地階の展示室。中央の人形は防空頭巾にモンペ姿の親子

平和のための博物館

立命館大学は20世紀初頭、軍国主義的教育に関与した反省から、戦後は「平和と民主主義」を教学理念としてきた。国際平和ミュージアムはその理念を象徴するものとして、1992年に開館。大学に開設された総合的平和博物館は、日本初の試みである。

一角には兵器や軍服なども展示されているが、ここは決して戦争を賛美する「戦争博物館」や「軍事博物館」ではない。それとは正反対に、平和を築くための「平和博物館」だ。単に「戦争は怖い」と伝えるだけでなく「なぜ戦争は起きたのか？」「平和を築くためには？」を考えるきっかけとなる展示内容となっている。

戦時中の京都の町家をモデルにした実物大模型。爆風に備えてガラスを紙で補強してある

見学所要時間

約**60**分

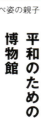

京都に残る戦争の記憶

展示では一五年戦争の歴史を被害と加害の両面から伝えると共に、現代の戦争・紛争の背景を探る。中でも軍国主義的教育や学徒出陣に関する資料、そして京都の戦争遺跡を紹介するコーナーは、立命館大学に開設された博物館ならでは。京都は空襲がなかったと言われるが実は被害があったことや、京都出身の反戦政治家で右翼に暗殺された山本宣治のデスマスク（日本に2つのみ）なども展示。また無言館（長野県上田市）の京都分館として戦没画学生の作品も展示している。古都や観光地という視点だけではない、もう一歩踏み込んだ京都を知ることができる。

日本兵が背負う背嚢（リュックサック）。ものすごく重い。持ち上げてみよう

戦時中、立命館大の学生により京都御所の護衛隊、禁衛隊を結成。天皇のために身を捧げる教育がここにも

DATA

立命館大学
国際平和ミュージアム

京都府京都市北区等持院北町 56-1
TEL 075-465-8151
9:30 ～ 16:30（入館は 30 分前まで）
〈休〉日曜日・祝日の翌日※（2019年4月～）
〈交〉市バス「立命館大学前」より徒歩 5 分
〈料〉大人 400 円、中高生 300 円、小学生 200 円〈駐〉なし〈予約〉不要

http://www.ritsumei.ac.jp/mng/er/wp-museum/

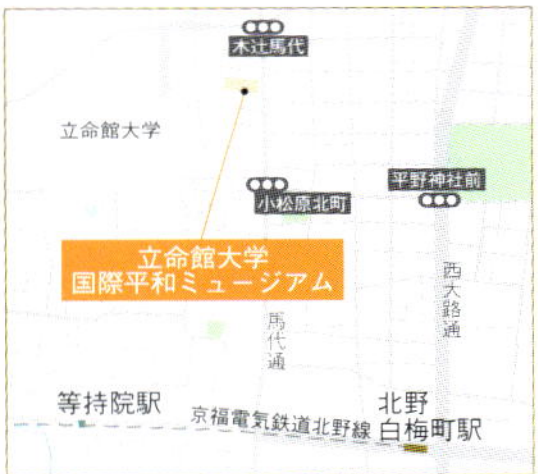

※ 2019 年 3 月まで月曜日休館

ここが見どころ！

2 階では、希望者には立命館大学の学生が展示について解説をしてくれる

平和とは、戦争が無いこと？いいえ、それだけではありません。

2 階の「平和創造展示室」では現在の世界の様々な問題や平和活動、そして京都の戦争遺跡を紹介。パネルや解説を通じて来館者に「戦争が無ければ、平和でしょうか？」と問いかける。貧困で学校に行けない子が少年兵になる実態などを紹介し、「平和な状態とは何か」を一緒に考えていく。地階で戦争について学んだ後に、「私たちに何ができるのか」を考えさせてくれる空間だ。

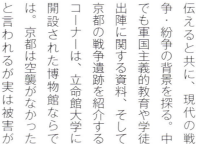

甲子園歴史館

憧れのあの選手！ あの試合！ あの球場！

タイガース歴代のヒーローたちの熱気が伝わってくる展示品の数々

熱い気持ちが蘇る歴史的瞬間の数々

阪神甲子園球場のレフト外野スタンド下にある甲子園歴史館では、高校野球や阪神タイガースにまつわる品々の展示や、甲子園球場の歴史を紹介している。高校野球のコーナーでは、各時代の名場面・名勝負の貴重な映像や、各学校の選手たちのユニフォームなど様々な品を見ることができる。阪神タイガースのコーナーでは、タイガースの歴史をはじめ優勝ペナントやトロフィーなどを展示。球団創設から今に至るまでの名選手にちなんだ展示品や映像もある。

選手の気分も味わえる体感コーナー

写真パネルなどの展示は

2010年3月の阪神甲子園球場リニューアル完了に伴い誕生した

見学所要時間

約**30**分

もちろん、体感コーナーが特に人気。投球体感コーナーでは憧れの選手を指名すると、目の前のモニターにその選手の投球が映し出され、キャッチャー目線で投球を体験できる。また、ドラフト体感コーナーでは「球団」「氏名」「ポジション」などをパネルに入力すると、ドラフト会議と同じ画面がモニターに映し出され、その場の臨場感が味わえる。試合の日程に合わせてスタジアムツアーもあり、普段は行けないベンチやブルペンに実際に入ってみたり、選手の練習風景を見ながらOB選手の解説を聞くこともできる（別途料金・要予約）。

日本の野球文化の振興と野球ファンのすそ野拡大を目的として開館した

記念写真も楽しめるドラフト体感コーナー

DATA

甲子園歴史館

兵庫県西宮市甲子園町 1-82
TEL 0798-49-4509
10：00 ～ 18：00
（11 ～ 2 月は 10：00 ～ 17：00）
〈休〉月曜日（試合開催日・祝日を除く）・年末年始
〈交〉阪神電車甲子園駅より徒歩 5 分
〈料〉大人 600 円、小人 300 円
〈駐〉なし〈予約〉不要

http://www.koshien-rekishikan.com/

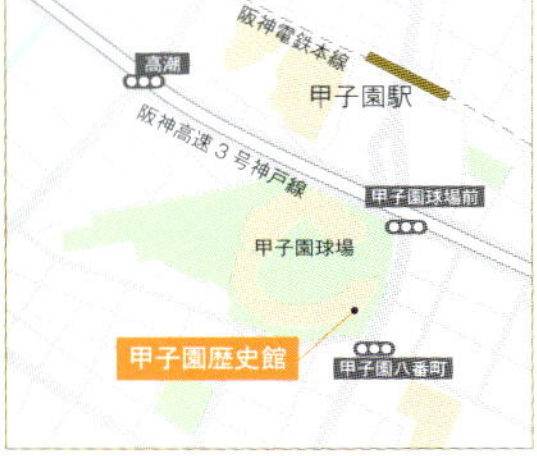

ここが見どころ！

映像時間はいずれも 2 ～ 3 分。めったなことでは味わえない貴重な体験ばかり

空中散歩にリリーフカー乗車 !?
ディープなスポットを VR 体験

専用の VR を使い 3D 体験ができるコーナーが人気。ドローンで撮影した映像を使った球場の空中散歩や、高校球児に交じって高校野球の入場行進が楽しめるほか、試合中のグラウンド整備カーや、選手交代で登場する投手同乗のリリーフカーに乗車体験もできる。

INDEX

さ

た

な

は

ま

ら

索引

あ

か

京都・大阪・神戸　マニアック博物館
おもしろ珍ミュージアム案内

2018年12月15日　第1版・第1刷発行

監修者　町田 忍（まちだしのぶ）

発行者　メイツ出版株式会社
代表者　三渡　治
〒102-0093　東京都千代田区平河町一丁目1-8
TEL：03-5276-3050（編集・営業）
03-5276-3052（注文専用）
FAX：03-5276-3105

印　刷　三松堂株式会社

● 定価はカバーに表示してあります。

ISBN978-4-7804-2112-5 C2026 Printed in Japan.

ご意見・ご感想はホームページから承っております
メイツ出版ホームページアドレス　http://www.mates-publishing.co.jp/

編集長：折居かおる　副編集長：堀明研斗　企画担当：折居かおる